"寻找中国制造隐形冠军丛书"编委会

主　任

陆燕荪　国家制造强国建设战略咨询委员会委员

副主任

屈贤明　国家制造强国建设战略咨询委员会委员

高端装备制造业协会合作联盟专家指导委员会主任

委　员（按姓氏笔画排序）

王玲玲　史文军　戎之勤　吕亚臣　杨松岩　邱明杰

张　英　张彦敏　陆大明　陈　曦　陈良财　陈鸣波

武　鹏　苗怀忠　郑锦荣　侯宝森　秦　伟　徐　静

唐　波　黄　鹏　崔人元　薛　林　魏志强

国家制造强国建设战略咨询委员会 指导

寻找中国制造隐形冠军丛书编委会 编

魏志强　王玲玲　主编

XUNZHAO

ZHONGGUO ZHIZAO

YINXING

GUANJUN

上海卷 Ⅲ

寻找
中国制造
Hidden Champion
隐形冠军

人民出版社

《寻找中国制造隐形冠军》（上海卷Ⅲ）编委会

主　任

　　陈鸣波　上海市人民政府副秘书长

副主任

　　吴金城　上海市经济和信息化委员会主任

　　戎之勤　上海市经济和信息化委员会副主任

　　张　英　上海市经济和信息化委员会副主任

　　史文军　上海市经济和信息化委员会副巡视员

　　　　　　上海市经济和信息化发展研究中心主任

　　王玲玲　高端装备制造业协会合作联盟专家指导委员会秘书长

委　员（按姓氏笔画排序）

　　卫丙戌　马怡靖　王志琴　王理群　史文录　刘　平

　　李宇宏　时炳臣　张宏韬　陈　曦　陈斐斐　武　鹏

　　郑晓东　赵　一　俞　彦　秦　伟　曹晴晴　崔人元

　　葛东波　蒋志文　智　强　焦建全　雷新军　黎光寿

总序一

党的十九大报告指出："建设现代化经济体系，必须把发展经济的着力点放在实体经济上，把提高供给体系质量作为主攻方向，显著增强我国经济质量优势。"制造业是实体经济的主体，也是提高供给体系质量和效率的主战场。为此，党中央、国务院强调，加快建设制造强国，促进我国制造业迈向全球价值链中高端。

经过新中国成立 60 多年特别是改革开放 40 年的发展，我国制造业总体实力迈上了新台阶。2010 年以来，我国制造业增加值连续 7 年超过美国，稳居全球制造业第一大国的地位。在世界 500 种主要工业品中，我国有 220 多种产品的产量居世界第一。载人航天、大型飞机、北斗卫星导航、超级计算机、高铁装备、百万千瓦级发电设备等一批重大技术装备取得突破，形成了若干具有国际竞争力的优势产业和一批国际知名企业。毫无疑问，我国已经成为具有重要影响力的制造业大国。

　　然而，在看到成绩的同时，我们还要清醒地认识到，我国制造业与国际先进水平相比还有差距，这些差距表现出来的是整机或最终产品的差距，但其背后反映出来的却是基础和关键零部件（元器件）、材料、工艺等整个制造业基础薄弱的问题。因此，加快建设制造强国，首先要充分认识到加强制造业基础建设和关键核心技术创新能力的重要性和紧迫性。

　　解决制造业基础薄弱的问题要以企业为主体，要特别注重发挥民营企业的作用。2018 年 11 月 1 日，习近平总书记在民营企业座谈会上指出："长期以来，广大民营企业家以敢为人先的创新意识、锲而不舍的奋斗精神，组织带领千百万劳动者奋发努力、艰苦创业、不断创新。我国经济发展能够创造中国奇迹，民营经济功不可没！"在我国制造业比较发达地区，我们发现了一大批企业家，特别是民营企业家，敏锐地认识到发展基础工业的重要性及市场之所急，投入大量资金，长期专注于一个细分领域，取得了令人振奋的成绩。这些企业生产的产品不是整机，也不是终端消费品，而是对整机、终端产品的质量和竞争力有重要影响的核心零部件（元器件）、新材料、软件等。这些产品都是为整机、主机配套的中间产品，所以，生产这些产品的企业虽然在产业链中居于关键环节，甚至核心地位，但却不为大众所周知，可谓"隐形冠军"。在我国的长三角、珠三角等沿海发达地区，不少国内的隐形冠军企业已经发展成为市场的领导者，目前正在积极地"走出去"，努力向全球隐形冠军迈进。这些隐形冠军企业的奋斗历程和成功经验对于我国建设制造强国有重要的参考价值。

我们编辑出版"寻找中国制造隐形冠军丛书",就是要通过对制造业隐形冠军典型案例的深入调研,梳理和总结隐形冠军企业的奋斗历程、成功经验和发展模式,为解决我国制造业基础薄弱问题提供可供参考的路径和方法,从而进一步完善我国制造业产业链,促进我国制造业高质量发展。

中国要迈向制造强国,需要充分发挥市场和政府的作用,统筹利用好各方面优良资源,坚定发展制造业的信心毫不动摇,从而形成全国关注制造业、重视制造业、发展制造业的良好氛围。希望社会各界关注和支持"寻找中国制造隐形冠军丛书"的出版,支持我国制造业隐形冠军的发展。让我们携手共同努力,为加快建设制造强国而努力奋斗!

徐勇祥

2018 年 11 月 1 日

总序二

隐形冠军这个概念源自德国赫尔曼·西蒙（Hermann Simon）教授写的一本书，就是《隐形冠军：未来全球化的先锋》。这本书的中文版出版发行后，隐形冠军这个词很快就在中国流行开来。但很多人并不明白隐形冠军是什么意思，也不清楚隐形冠军在制造业中的地位和作用，所以，我们有必要首先搞清楚它的含义。

西蒙教授这本书的书名很耐人寻味，他把隐形冠军称作"未来全球化的先锋"。西蒙教授认为，经济全球化是人类社会发展的大趋势。他说："世界经济共同体是我对未来的称呼。"与大企业相比较，隐形冠军虽然企业规模不是那么大，但在西蒙教授的眼中，隐形冠军却是人类走向世界经济共同体的先锋。从西蒙教授的书中我们能够看到，德国这个世界制造强国，就是由隐形冠军企业铸就的。

为了准确地理解隐形冠军这个概念，我们用一个实际例子来说明其内涵。以菲尼克斯公司为例，这个公司生产的产品主要是配电柜里的接线端子，它生产的接线端子技术领先，质量可靠。一般人都知道西门子、ABB、施耐德这些世界著名的品牌，但并不知道它们所用的配电柜里的接线端子全部由菲尼克斯提供，像菲尼克斯这样的企业就是隐形冠军。为什么说它是"隐形"？因为它生产的产品不是整机，也就是说，不是一个独立的终端产品，只是产业链上某一个关键环节，从这个意义上来说，我们称其为"隐形"。隐形冠军在全球制造业现代化的进程中，即我们现在讲的数字化、网络化、智能化的进程中，在每条产业链里，它的地位绝对不可忽视。因为一个企业不可能什么都做，最终产品实际上都是组装起来的。关于这个问题，在"纪念沈鸿同志诞辰 110 周年"时，我写了《沈鸿质量思想对新时期机械工业质量工作的指导意义》一文，其中介绍了我国著名机械工程专家、原机械工业部副部长沈鸿同志在 1979 年 2 月 23 日写的文章《关于什么是先进机械产品的探讨》。沈老部长在他的文章中画了一张圆圈图，从品种、质量、成套、服务四个方面对"先进的机械产品"进行了界定和形象的描述。"先进的机械产品"就是从这个圈里出来的，最后形成的成套设备才是生产力。人们通常都知道市场上成套设备的品牌，但在成套设备整个产业链的一些重要环节所用的关键零部件却不为人知，它们隐形于整机之中，生产这些产品的企业我们称之为隐形冠军。

在中国，我们一定要注重制造业的全产业链发展，不能有薄弱环节，产业链中的领头企业和配套企业之间的关系不是单纯的买卖关系，而是一种协同创新的伙伴关系。如山东临工，它把专供其零配件的供应商叫作黄金供应商，山东临工帮助这些企业研发产品，而这些企业也就不再为其他厂家供货，成了山东临工的专门供应商。

从一条产业链来看，配套厂产品质量的可靠性必须达到主机厂信任的程度才可以。那么，配套厂怎样才能向主机厂证明其产品的可靠性呢？那就是配套厂的质量保证体系健全，产品一定要经过试验、认证，才能出厂。在这方面，沈老部长的思想非常重要，他认为，"可靠性是机械产品最主要的质量特征之一，一切产品都要通过试验方可出厂。"中国制造强国战略强调了产业质量技术基础的战略作用，而标准、计量、检测、试验、认证等是其主要技术支撑体系。

人们买东西通常是倾向于购买品牌产品，这是品牌效应的结果，但是如果真正追究其背后的原因，一个品牌还是要包括许多质量指标的。这些指标的建立，就是建立标准，而标准是要统一的。我们现在有很多国家标准、行业标准，但事实上这些标准只是低水平的准入门槛。作为行业领袖的隐形冠军，一般都有远高于国标和行标的自己企业的标准。

比如，有一次我到北京ABB公司调研，在现场我询问陪同人员，质量指标究竟到了什么样的标准。这位陪同人员说，他们的标准完全符合中国国家标准和行业标准。我说我不是这意思，我是要问企业的标准。他就生产线上开关的例子回答了我的问题。他说，这个产品的指标，国标要求保证开断1万次无故障，但他们公司的控制指标是3万次，因此零部件的标准也都大大提高。我们现在要求产品符合国家标准，其实这是低标准，缺乏竞争力。我参加过很多国家标准、行业标准的制定，大家都讨价还价，最后标准的水平只能符合大多数的意见。所以，现在标准改革提倡企业标准，以树立企业品牌。

再如，在三峡工程中，我负责三峡工程机电设备的质量，三峡公司的制造质量标准，包括铸锻件质量标准，都远远高于同类国际标准，形成了我们自己的一套标准，现在外国公司给三峡公司提供产品都要遵从这套标准，三峡公司后来把它列为采购标准，现在又上升为电器行业协会的协会标准。这一系列的指标或标准，作为隐形冠军企业都应该具备。现在，中国制造强国战略的实施战略之———强基工程就是要解决这个问题。

菲尼克斯是个典型隐形冠军企业，他们写了一部书，名字叫《面向中国制造 2025 的智造观》。他们把"制造"改为"智造"，其中包括数字化、网络化，特别强调精益生产。把精益生产纳入智能制造环节很重要，很多企业忽略了这一点，只强调信息化是不够的。现在也有人提出精益化思维，我觉得生产和思维是不同的。精益生产是"Lean Production"的翻译词，我们要理解原词的含义。麻省理工学院教授写的《改造世界的机器》一书，对精益生产作了详细的阐述。它是从汽车行业推行的"准时化生产（JIS）"发展而形成的生产运行模式。汽车是大批量、流水线生产，在生产环节上不允许有多余的零件存放，它的目标是零库存，当然实际上很难做到，但是要尽量减少库存量，加快资金周转，以提高经济效益。菲尼克斯把精益生产纳入智能制造的内容，很值得研究、推广。

在制造业发达国家都有一个产业转移的现象，但我们看到，发达国家的产业转移是对产业链都做了详细规划的，他们转移的是中低端企业，而产业的整体链条还是在发达国家手中掌握。在这种情况下，中国企业可以收购外国企业，但是它的核心技术并未转移出本国。这也迫使中国企业要想高质量发展就必须要靠自己，必须要加强自主创新。现在，我们国家也正在经历产业转移这个过程，所以，我们也要有一个像发达国家那样的规划，这个规划的关键包括了如何支持隐形冠军企业真正实现国产化的目标。做这样的规划要以企业为主体，但也要发挥政府的作用。

我们现在对大企业了解得多一些，对于隐形冠军，尤其是各地区的隐形冠军了解得还不是那么清楚。不清楚隐形冠军，实际上就是不清楚我们的产业链和世界制造强国比还有什么样的差距，也说不清楚我们的产业在世界上究竟处于什么样的水平。孙子兵法说"知己知彼，百战不殆"。我们编辑出版这套丛书，就是要搞清楚我国隐形冠军的状况，从而使我们能够制定出一套有效的产业政策，以促进隐形冠军的发展，加速"强基工程"的实施，实现中国制造由大变强。

从我们的现实情况来看，一个地区隐形冠军的培育和发展，离不开地方政府的支持。比如，在产业政策、经济金融等方面都需要地方政府制定出有利于隐形冠军企业发展的长效机制。再如，有些研发项目需要持续5年、8年，甚至10年，民营企业很难承受这种投资大、周期长、利润低的项目，这就需要政府的支持。中国最近提出要建立国家实验室，这对于建立长效创新机制有重大作用。

习近平总书记指出："制造业特别是装备制造业高质量发展是我国经济高质量发展的重中之重，是一个现代化大国必不可少的。"打造具有国际竞争力的制造业，是我国建设现代化强国的必由之路。今天，制造业的全球激烈竞争已不单是一个个企业的单打独斗，而是产业链的竞争，一个行业领军企业只是"冰山一角"，需要无数的供应商或协作方（包括服务类组织）等"隐形冠军"来支持和保障。中国制造要走出去，走全球化之路，必须打造我们完整的供应链和创新共同体，形成整体竞争优势。拥有这一整体竞争优势的前提，就是看我们能否培育和发展出一批隐形冠军企业。

因此，在这里我们呼吁社会各界支持中国隐形冠军的发展，支持"寻找中国制造隐形冠军丛书"的出版工作。"寻找中国制造隐形冠军丛书"将分行业卷和区域卷出版。希望各行业协会、地方政府能够对隐形冠军企业和这套丛书的编辑工作给予大力支持！

陆燕荪

2018 年 10 月

目　录

序　言

隐形冠军的缘起

隐形冠军是一个定义企业的流行词，源于德国赫尔曼·西蒙（Hermann Simon）教授所著的《隐形冠军：未来全球化的先锋》一书。在这本书中，西蒙提出了隐形冠军企业的三个标准：

1. 世界前三强的公司；

2. 营业额低于50亿欧元；

3. 不是众所周知。

满足这三个标准的企业，西蒙称之为隐形冠军。第一个标准标志着隐形冠军的市场地位，是指在一个细分市场中隐形冠军所占的市场份额。第二个标准是一个动态标准，2005年时，西蒙曾把它确定为30亿欧元。第三个标准是指不为大众即消费者所周知。隐形冠军虽然在某个细分市场中为客户所熟知，但因它生产的是工业品、原材料等，不是终端消费品，所以，一般不为大众即消费者所周知。

西蒙认为，隐形冠军战略有两大支柱：第一个支柱是集中和深度。隐形冠军一般都在一个细分市场里长期精耕细作，并强调服务的深度。由于隐形冠军的业务都是集中在某个领域，所以，国内市场有限，这就产生了隐形冠军战略的另一个支柱，就是市场营销的全球化。因此，隐形冠军是"未来全球化的先锋"。

西蒙关于隐形冠军的思想对中国有比较大的影响，例如，2016年我国发布的《制造业单项冠军企业培育提升专项行动实施方案》（以下简称《方案》），这里所说的单项冠军实际上就类似于西蒙定义的隐形冠军。

《方案》提出，制造业单项冠军企业是指长期专注于制造业某些特定细分产品市场，生产技术或工艺国际领先，单项产品市场占有率位居全球前列的企业。有专家指出："制造业单项冠军企业包含两方面内涵：一是单项，企业必须专注于目标市场，长期在相关领域精耕细作；二是冠军，要求企业应在相关细分领域中拥有冠军级的市场地位和技术实力。从这个意义上讲，单项冠军与德国赫尔曼·西蒙教授提出的'隐形冠军'概念是十分类似的。"

《方案》强调，制造业单项冠军企业是制造业创新发展的基石，实施制造业单项冠军企业培育提升专项行动，有利于贯彻落实国家制造强国战略，突破制造业关键重点领域，促进制造业迈向中高端，为实现制造强国战略目标提供有力支撑；有利于在全球范围内整合资源，占据全球产业链主导地位，提升制造业国际竞争力。

寻找中国制造的隐形冠军

我们在策划这套丛书时，首先碰到的问题就是如何界定和选择中国制造的隐形冠军。何谓"隐形"，隐在何处？何谓"冠军"，冠在哪里？在这些方面，我们吸收了《方案》和西蒙教授的思想，但也有不同。

一提起隐形冠军，很多人常常把它归结到单纯的制造领域，实则不然。"那种认为德语区的企业只是在机器制造领域保持技术领先的观点是错误的。我们在消费品和服务领域里，同样可以找到相当数量的说德语的世界市场的领导者。"西蒙说，"有超过2/3的隐形冠军（确切地说是69%）活跃在工业领域。1/5的隐形冠军涉及消费类产品，另有1/9属于服务业。"显然，西蒙认为，隐形冠军在机器制造、消费品和服务业三大领域。

隐形冠军不单单在机器制造领域，但西蒙说的三大领域也还有待细化和拓展。例如，服务业应主要指生产性服务业，消费品领域应指那些为终端产品提供配料、配件、原材料等的企业。因此，隐形冠军应主要在工业品、消费品、生产性服务业、原材料四个领域。隐形冠军生产的产品通常是"隐形"于终端产品或消费品之中的中间品，或生产工具（装备）、原材料，它是成就终端产品和消费品品牌不可或缺的关键因素。

在"冠军"的甄选方面，考虑到我们寻找的是中国制造隐形冠军，所以，除了排名世界前三的隐形冠军，本丛书还选入了一些在某一个细分市场居于中国前三的企业，或者有可能培育成为隐形冠军的企业。在市场地位方面，本丛书更强调隐形冠军对市场的引领和带动作用。

隐形冠军企业的成功模式和发展战略

我们在隐形冠军的调研中，发现中国的隐形冠军与德国的隐形冠军有诸多不同，它们有自己独特的成功模式和发展战略。

首先，中国的隐形冠军都在探索适合自己发展的企业组织形式。德国隐形冠军主要是家族企业，很多有百年以上的历史。中国的隐形冠军绝大多数产生在改革开放之后，没有德国隐形冠军的悠久历史，要想追赶上制造强国的隐形冠军，在企业组织形式上就不能拘泥于家族企业，而是要选择更适合自己发展的企业组织形式。例如，在嘉兴调研时，我们发现，很多隐形冠军就是从家族企业转变成为上市公司的，一些没上市的隐形冠军也在筹划上市；在通用机械行业调研时，我们发现，很多隐形冠军是国有企业；在厦门调研时，我们发现，由于受惠于经济特区的特殊政策，厦门的隐形冠军不少是与台湾企业合资的企业。而在上海调研时，我们又发现，上海的隐形冠军除了有民营企业、国有企业，还有很大一部分是"海归"创建的企业。这些实际情况说明，家族企业并不是隐形冠军可选择的唯一组织形式，中国隐形冠军根据实际情况确定适合自己的企业组织形式，这是正确的选择。

其次，中国的隐形冠军有自己对创新的理解。创新是从国外引进的概念，在英语世界里，科学成果叫发现，技术进步叫发明，企业研发、生产、经营管理的成果才叫创新。创新是一种企业满足市场需求的商业行为。我们调研的隐形冠军说明，企业的创新确实都是有商业价值的创新，都是为了更好地满足客户需求的创新。例如，本丛书嘉兴卷中的京马电机，它的创新是集中在产品性能的提高上，强调产品效率、温升、噪声、振动、功率等指标的不断改进。这里面的每一项创新都和产品有关，都和市场需求有关，都和企业的盈亏有关，这一点不同于科学发现和技术发明。又如，本丛书通用机械卷中沈鼓集团生产的往复式压缩机和中核科技生产的主蒸汽隔离阀，前者是引进消化吸收再创新的经典之作，后者是突破国外技术封锁实现自主设计和制造的标志性产品，两者都打破了国外对中国市场的垄断。还有本丛书厦门卷宏发生产的继电器、创业人的品牌创新，以及上海卷的联影科技生产的高端医疗设备、中微生产的刻蚀机等，都是在深入了解市场需求的基础上不断创新并实现商业价值的结果。这些案例说明，企业创新不同于科学发现，也不同于非商业组织没有商业目的的技术发明。因此，准确地把握发现、发明、创新这些基本概念，科学家才能专注于发现，技术专家才能专注于发明，企业家才能专注于创新，隐形冠军才能做好自己的产品和企业。

再次，中国的隐形冠军在全球化中平衡自己的发展战略。在全球化过程中很多人看到的是"世界是平的"，例如，托马斯·弗里德曼出版的专著《世界是平的》。他看到的是遍布世界的麦当劳、星巴克、好莱坞电影以及在谷歌上网等。但也有与他不同的观点认为，世界不完全是平的，它有国界、文化差异、价值观冲突等。这说明世界还没有那么平。隐形冠军应在这样一个全球化过程中找到标准化和差异化的平衡。本丛书嘉兴卷的闻泰科技是一家全球最大的手机原始设计制造商（ODM），它有自己出方案的业务，也有代工业务，前者需要差异化，后者需要标准化。闻泰科技对差异化和标准化业务发展有比较好的平衡。由此引申出另外一个问题，就是市场地位如何体现？是按标准化去做量（规模），还是按差异化去满足个性化需求？这也是对隐形冠军的挑战。关于这一点，我们赞同西蒙的观点，即隐形冠军的市场地位更应从引领市场理解，不能仅仅从企业规模来认定。引领市场的维度包括确定方向、制定标准、超越客户等。本书的中微是半导体和芯片装备国产化的先锋，它在行业发展、自主创新、制定标准等方面对市场都有引领作用。

还有，我们发现中国制造隐形冠军有明显的区域集群发展的特征。例如，在长三角、珠三角的一些城市就有集中产生隐形冠军的现象，形成了一个个隐形冠军区域集群。这不同于产业集群，它的产业关联性并不像产业集群那样大，有的甚至没什么关联性。他们除了在某个细分市场有举足轻重的地位之外，对地方经济发展也有引领和带动作用。为什么这些区域能产生隐形冠军企业集群？我们发现，主要是企业家精神和工匠精神使然。这种现象给我们留下了一个需要继续探究的问题，那就是他们的企业家精神和工匠精神是怎么培育出来的？

随着本丛书工作在更多城市和行业的展开，我们将进一步丰富有关中国制造隐形冠军成功模式和发展战略的研究成果。

中国制造需要更多的隐形冠军

根据西蒙的统计，全球隐形冠军企业共 2734 个，其中德国有 1307 个，几乎占了一半，中国只有 68 家，远低于德国。从每百万居民的隐形冠军数量看，德国为 16，中国仅为 0.1，与德国的差距更大。

隐形冠军是决定一国制造业是否强大的基石。从拥有隐形冠军企业的数量上来看，中国要实现制造强国战略还任重道远。不过由于中国正处于隐形冠军发展的初期阶段，西蒙预测，"可以想象，中国的隐形冠军数量将在未来 10—20 年里大幅增加。"

国家制造强国战略提出，到 2025 年中国要进入世界制造强国方阵，制造业达到德国和日本的水平。但从隐形冠军这项关键指标来看，中国制造整体赶超德国和日本制造的任务还是非常之重。

不过，如果我们把隐形冠军所在领域像西蒙那样从机器制造领域拓展开来，把它确定在工业品、消费品、原材料、服务业四大领域，到了 2025 年，或许我们就会有理由更加乐观一些。本丛书嘉兴卷选入 26 个隐形冠军、厦门卷选入 26 个隐形冠军、通用机械卷选入 24 个隐形冠军，上海卷选入 60 个隐形冠军（其中上海卷 I 在电子信息行业选入 24 个隐形冠军，上海卷 II 在机械行业选入 18 个隐形冠军，上海卷 III 在新材料、节能环保、医疗设备等行业选入 18 个隐形冠军）。在中国，除上海外，像厦门、嘉兴那样的城市，甚至比厦门、嘉兴制造业更发达的城市还有很多，这些城市会孕育出更多的隐形冠军。从行业的角度来看，隐形冠军遍布各行各业，仅就装备制造业而言，其产品就分为 7 个大类，185 个小类，这里面的隐形冠军还有待于深入挖掘。

党的十九大报告指出："中国特色社会主义进入新时代，我国社会主要矛盾已经转化为人民日益增长的美好生活需要和不平衡不充分的发展之间的矛盾。"毫无疑问，隐形冠军是解决中国经济发展"不平衡不充分"问题的主要力量，我们需要更多地培育隐形冠军。

本丛书的编写和出版

"寻找中国制造隐形冠军丛书"的编写工作始于 2017 年的春季，我们计划用四至五年的时间完成 30 卷的编写工作。本丛书按区域和行业寻找中国制造隐形冠军，每一卷选入 25 家左右隐形冠军企业。

到目前为止，这套丛书除了上海卷，嘉兴卷、厦门卷、通用机械卷也已经面世。

作者在《寻找中国制造隐形冠军》（上海卷）的调研和写作中，得到了上海市经济和信息化委员会的大力支持，在此我们对上海市经济和信息化委员会深表谢意！

我们还要感谢人民出版社通识分社对"寻找中国制造隐形冠军丛书"出版工作的支持，同时向付出辛勤劳动的编辑和其他工作人员致以深深的谢意！

这套丛书每一卷都是由工业专家和记者在对企业进行深入调研和采访的基础上，由记者执笔而完成的。我们想要做到既有新闻写作的通俗易懂，又有专业写作的深度。但因时间仓促、水平有限，难免有不足之处，敬乞读者不吝指教。

"寻找中国制造隐形冠军丛书"写作组

2019 年 1 月 1 日

前　言

在建设卓越的全球城市过程中，上海制造作为上海四大品牌之一扮演着至关重要的角色。在形成以行业龙头企业为主导的产业发展格局的同时，上海的中小企业特别是隐形冠军企业也应得到充分重视。这些企业不仅展现了行业细分领域的市场竞争力，在创新发展、解决就业、经济建设以及完善产业价值链搭建等方面也有突出表现，成为上海经济转型和结构调整的重要力量。因此，研究和促进上海隐形冠军企业发展，具有重大的现实价值和战略意义。

一、追求卓越的价值取向，上海制造"再出发"

（一）上海制造发展的历史演进

上海制造具有辉煌的历史，在我国的工业体系和国民经济中扮演着重要的角色并始终发挥积极的影响，新中国成立至今的半个多世纪，上海制造业经历了四个发展演变阶段，可被归纳为恢复性调整阶段、适应性调整阶段、战略性调整阶段和创新性调整阶段。具体而言：

第一阶段，改革开放前的恢复性调整阶段。上海自近代起就是我国工业的中心，新中国成立后，为了适应人民生活水平提高和大规模经济建设需要，上海改变了以轻工业为主的结构，从"一五"计划开始优先发展重工业。特别是在 1956 年至 1965 年间，上海曾先后对民族工业进行三次大规模改造，"裁、并、改、合"生产能力过大的纺织、卷烟、制笔等轻纺工业，从无到有地建立电子、自动化仪表、航天、航空、汽车、石化等新的工业部门或企业。截至 1978 年，上海全市工业总产值达到 207 亿元，占全国的 1/8；利税总额占全国的 1/6。近 200 项工业产品产量位居全国第一位，70 多项工业产品赶上或接近当时的国际先进水平。一大批全国知名品牌代表了上海制造是经典和优质的象征，例如全国年轻人结婚时梦寐以求的"三转一响"，永久牌自行车、蝴蝶牌缝纫机、上海牌手表和红灯牌收音机，代表着上海工业产品的质量和水平。

第二阶段，20 世纪 80 年代以来的适应性调整阶段。为了适应我国经济体制改革并积极建设现代化社会主义市场经济，上海制造业作出相应调整，有针对性地选择了汽车、钢铁、石化、家电等 17 个重点行业进行培育，特别是积极推动国家重点工业项目建设，包括：1985 年宝钢总厂一期工程投产、1978 年动工；70 年代启动建设上海金山石化，80 年代建设二期工程，1985 年完工，1987 年建设三期工程，90 年代建设四期工程；1984 年成立上海大众汽车有限公司等。此外，上海为了适应我国对外开放政策，还积极发展轻纺产品，引导工业生产面向国际市场。

第三阶段，20 世纪 90 年代以来的战略性调整阶段。在此时期，我国加大对外开放力度，上海抓住了浦东开发开放的机遇，大力引进外资，同时响应国家产业发展号召，积极培育支柱产业，集中资源发展汽车、电子通讯设备、电站成套设备、石油化工及精细化工、钢铁、家用电器六大产业。至 2000 年，这六大产业占全市工业总产值比重已经从 1994 年的 38.6% 迅速提升至 50.4%。此外，上海为实现"一个龙头、三个中心"战略目标，优化产业结构调整，提出"三二一"的产业发展方针，即大力发展第三产业，积极调整第二产业，稳定提高第一产业，进而实现了上海产业与制造发展的新格局，促进了国民经济持续、健康、快速发展。

第四阶段，21 世纪以来的创新性调整阶段。21 世纪以来，上海工业在我国加入 WTO 并推行创新型国家发展战略的背景下，实施调整了创新发展战略。确立了新的支柱工业，包括汽车、电子信息、成套设备、石油化工及精细化工、精品钢材、生物医药。积极建设东西南北产业基地，包括上海国际汽车城（2001 年）、上海化工区（2002 年）、临港装备产业基地（2003 年）、长兴岛船舶和海工基地（2003 年）。在创新性战略调整阶段，上海工业迸发出蓬勃的生命力，无论在产量产值、技术水平还是国内外影响力上均表现卓越，实现了跨越式发展。上海工业从 1987 年产值的 1000 亿元发展到 2003 年突破 1 万亿元用了 16 年，而从 1 万亿元到 2 万亿元用了 4 年，从 2 万亿元到 3 万亿元仅用了 3 年。

（二）上海制造的未来发展趋势

在新一轮科技革命推动下，全球制造业和产业格局面临重大变革和调整，未来上海制造须向技术更先进、制造更智能、产品更高端、品牌更响亮的方向建设，加快建设全球卓越制造基地，为上海迈向卓越的全球城市提供实力支撑。目标是在未来三年，初步建成世界级新兴产业发展策源地之一，初步建成若干世界级先进制造业集群，初步建成世界级制造品牌汇聚地。重点是围绕高质量发展要求，大力发展高端制造、品质制造、智能制造、绿色制造和高复杂高精密高集成制造，发挥上海制造在现代化产业体系建设中的支撑作用。

基于内外部条件、发展阶段等，打响上海制造品牌是上海落实国家战略、建设卓越全球城市的具体实践，其中企业尤其是隐形冠军企业是主力军。所谓"隐形冠军企业"，是指高度专注细分行业，具有显著竞争优势和创新能力，可持续稳定经营，业绩优良，市场占有率占据国内乃至国际前列，在细分行业具有领导地位的企业。"隐形"是指企业规模不一定很大，大部分仍然是中小企业，在大众视野知名度不一定很高；而"冠军"，则指在细分行业、在国内乃至全球市场具有绝对影响力和领导地位。近年来，在上海传统行业的中小企业饱受压力的同时，在一些细分领域逐渐涌现出一批隐形冠军企业，不仅构成了上海市场一道亮丽的风景线，引领了上海中小企业的发展，更成为潜在的拉动上海制造实现创新转型、塑造可持续竞争力的重要引擎，对于上海制造下一阶段发展目标的实现具有积极意义。

二、"隐形冠军"企业已成为上海创新发展的主力军

顾名思义，上海的隐形冠军企业产生于中小企业中间，近年来，上海中小企业已经成为上海企业的重要构成。截至 2017 年，上海中小企业合计 43.54 万户，占全市法人企业总数的 99.54%；

吸纳就业 833.61 万人，占全市法人企业从业人员总数的 73.95%；实现营业收入 11.95 万亿元，占全市法人企业总额的 60.84%。占本市企业总数 99% 以上的中小企业，贡献了近 50% 的税收，实现了 60% 以上的企业营业收入，创造了 70% 的企业发明专利，提供了近 80% 的就业岗位，为上海经济社会发展作出了重要贡献。与此同时，以"专精特新"企业为代表的中小企业孕育了大量的隐形冠军企业和潜在的冠军企业，已成为上海创新发展的主力军。

（一）上海隐形冠军企业的竞争力分析

当前，上海隐形冠军企业多集中在电子智能产品、设备制造、软件与信息服务、医疗卫生和技术服务等领域，其中诸多企业已经成为国家级、亚洲级乃至世界级的细分领域"小巨人"，在市场占有率上名列前茅。同时，上海隐形冠军企业在当前表现为总体盈利水平良好，企业人均产能大，社会贡献度高等特征。数据统计显示，2015—2017 年三年有效期内高新技术企业总数达到 7642 家。2017 年高新技术企业实现工业总产值 1.25 万亿元、营业收入 2.34 万亿元、利润总额 2110 亿元、实际上缴税费 1130 亿元，其中主营业务收入、工业总产值均达到规上企业的 1/3 以上。上海制造业隐形冠军企业综合竞争实力强，无论是在技术创新、国际化发展等方面，都体现了上海当前以及潜在的隐形冠军企业的市场竞争力，具体而言：

一是重视创新投入，不断加快创新步伐。近年来，上海"专精特新"企业研发投入力度不断加大。目前，全市 1665 家"专精特新"中小企业中有 227 家企业设立了国家、市级企业技术中心或院士工作站；有 515 家企业研发投入比例达到或超过 10%，远高于全市 4% 左右的平均水平。同时，创新的国际化开放程度增强。在政府向企业推送技术信息、帮助企业获取国际前沿技术、支持企业建立院士工作站和企业技术中心等政策支持下，中小企业创新投入的产出效应逐步显现。从高新技术企业的研发专利成果来看，发明专利申请量、发明专利授权量及 PCT 国际专利申请量分别达到 28504 件、12365 件、718 件，占本市总量的 52.17%、52.13%、34.19%。

二是注重品牌建设，国际影响力日益增强。近年来，上海"专精特新"企业中涌现出一批中国驰名商标、上海市著名商标、上海市名牌产品等品牌企业或产品，企业的品牌影响不断增强。同时，"专精特新"企业参与国际展览或会谈的频次明显增加，企业品牌的国际影响力和推广力也与日俱增。此外，不少"专精特新"企业通过与跨国企业合作，积极参与国际市场的竞争，提升企业国际市场的品牌影响力。

三是坚持国际化对标，打造高质量创业团队。上海作为改革开放的重要试验区，在扩大对外开放和构建国际化影响力方面有着丰富的经验。特别是在引进和培育高质量海归创业团队方面，围绕生物医药、电子信息等行业领域，实现了行业领军人才引领的国际跨国企业的集聚式发展。例如，"张江药谷"集聚了一大批海归企业家的创业团队，通过建立国际化创新体系，已经成为具有全球影响力的生物医药产业的全球研发中心。

四是重视建立标准，积极抢占领域制高点。上海市"专精特新"企业普遍重视技术创新和产品创新，并以同类同行国际企业为标杆，强化技术超越，抢占所属细分领域的国际技术制高点，提升企业产品创新技术的国际引领力。

（二）上海隐形冠军企业的发展路径

上海隐形冠军的形成发展，依托于上海市在服务体系、营商环境、资本对接与政策支持上的一系列积极引导和扶植，也归功于这些企业在细分领域上的长期专注，在品牌、研发能力、营销体系等方面的差异化经营，以及在独特的核心竞争力上的打造。这些企业有一定的共性发展路径，具体而言：

其一，坚守主业，精耕细作，走出传统产业转型升级的新路。隐形冠军企业的基本素质，就是高度专注于产业中的某一细分领域甚至是其中的核心业务。对于一些上海隐形冠军企业，即便是在产业发展潜力相对有限的传统产业，因为这些企业多来年的坚持、磨炼和改进，其建成了具有专业化生产、服务和协作配套的能力，最终使得产品品质和技术含量遥遥领先于同行，进而在传统产业中脱颖而出。

其二，创新驱动，高端定位，成为新兴行业细分领域龙头企业。上海隐形冠军企业多重视开展技术创新、管理创新和商业模式创新，通过行业的交叉融合提供高端的产品或服务，积极抢占新兴行业细分领域的龙头地位，采用创新性、独特性的工艺、技术、配方或原料进行研制生产，使其产品和服务在市场竞争中率先形成了壁垒较高的核心竞争力，获得了竞争优势。

其三，转型升级，与时俱进，实现健康可持续发展。作专注于解决产业关键技术以及提供专业化、高质量的产品和服务的企业，上海隐形冠军企业的崛起与产业发展动向密切相关。诸多上海隐形冠军企业的形成正是因其积极拥抱新一轮产业革命，重点把握智能制造、大数据、互联网等的机遇，调整技术结构和产品结构，迎合了市场与产业发展的需求，从而逐步实现了产业的转型升级和健康可持续发展。

其四，专业服务，做深市场，不断拓展新的空间。隐形冠军企业虽然立足于细分领域，但不代表其所从事的领域狭窄。把细分领域做深、做透，特别是将产品与服务相结合，以其主营业务为立足点，延展出一系列的新市场、新需求和新空间，是诸多上海隐形冠军企业的发展路径。

（三）上海隐形冠军企业的发展趋势

当前，上海的中小企业特别是"专精新特"企业中已经孕育了越来越多细分领域的国家级乃至世界级的"小巨人"，全市培育的1665家"专精特新"企业中，市场占有率居全球前五或国内第一、具备一定规模的企业有219家。其中，在国际细分市场占有率进入前三位的企业有30家。这些"隐形冠军"企业主要分布在智能制造、生物医药、高端装备、精密制造等领域，其主营产品占营业收入比重普遍在65%以上。由此可见，鼓励和促进更多的成长性中小企业做大做强做优，成为行业细分领域的"隐形冠军"和"独角兽"企业，让更多"小企业"干出"大事业"，是激发上海经济活力和竞争力的一条重要的可行性途径。就目前来看，其发展趋势如下：

一是围绕上海重点行业的聚焦发展态势明显。近年来，上海中小企业整体发展步伐加快，其中上海重点发展的精品化工、汽车、医药、信息、金融等产业领域的中小企业更为迅速，其产值占比不断提升。例如，在电子信息领域，上海集聚了上海微电子装备、澜起科技、韦尔半导体等一大批优秀中小企业，为上海集成电路、电子信息装备制造等产业的发展作出了巨大贡献。

二是重点领域中小企业国际化发展步伐加快。近年来，在深化改革开放、全面接轨国际、加快企业"走出去"的大背景下，上海中小企业国际化步伐不断加快。一方面，中小企业产品出口规模稳步增长。尽管国际市场需求相对低迷，国内出口增长乏力，但上海中小企业产品出口交货值总体保持增长，重点领域增长较快。另一方面，中小企业跨国投资与并购的步伐加快。不少中小企业通过积极与央企合作，推动混合所有制经济发展，参与对外投资；部分中小企业采用跨国并购等模式，实现企业跨国经营的技术战略和市场战略。

三是中小企业专业化和高端化发展势头加快。一方面，在体现专业技术水平的产业领域，中小企业发展迅猛，成为行业发展的重要支撑。2017 年，上海信息传输、软件和信息技术服务业，金融业，租赁服务业，科研及技术服务业等产业领域，中小企业数保持较快增长，均占所在行业企业总数比重 99% 以上。另一方面，中小企业加快了高端产品的研发与生产，涌现出一批具有世界领先水平的高端产品。

四是中小企业新兴化和特色化发展势头明显。一方面，在大力推进"大众创业、万众创新"的大背景下，新业态、新模式、新经济、新产业加快涌现，促进了上海中小企业数量的稳定增加。2017 年，上海净增中小企业数 10121 户，其中微型企业数量增长加快。另一方面，存量中小企业加快发展模式、经营业务、企业产品的创新转型，实现特色化发展。

三、上海在培育隐形冠军企业过程中的举措

在实践中，我们发现隐形冠军企业不同于多元化经营的大型企

业。大型企业多呈持续性发展，而对于隐形冠军企业来说，重大革新、进入新市场或一次新收购都可能意味着收入的大幅提高。同时，破坏性技术发展则可能会给隐形冠军带来严重风险。为此，上海通过落实"三大工程""两大计划"和若干政策支持，针对隐形冠军企业成长中的三大关键环节"技术革新期、市场扩展期和成熟期"，分别采取针对性的扶持和服务措施，助力企业跨越创新死亡谷和经营瓶颈期，保持市场份额稳定增长，成长为各行业的市场冠军。

（一）扎实推进三大工程

1. 工业强基工程：强化和提升工业基础能力

近年来，上海加快推进产业结构调整，促进产业经济的转型升级，产业结构和工业体系不断得到提升和优化。2016 年，上海启动和实施工业强基工程，积极推进工业强基战略的研究工作，落实和推进工业强基的战略性工程，旨在突破过去长期"卡脖子"、高度依赖进口的"四基"核心技术，从而实现企业自主创新能力日益提升，建立完善的工业技术基础体系。

上海工业强基工程是一项长期性、战略性、系统性的工作。上海市经济和信息化发展研究中心通过联合中国工程院共同开展上海工业强基工程课题研究，为政策出台和项目的落实工作奠定了坚实基础。在具体落实方面，政府部门主要从以下三个方面作为工作抓手，系统、全面地推进和落实全市工业强基工程工作。一是搭建平台，联动资源协同创新。工业强基工程一定是在市场经济规律的前提下有序推进的。政府、企业、高校及科研院所等所有的社会资源，只有在发挥好各自职能的基础上功能协同化，才能实现利益最大化。政府通过搭建资源联动平台，为企业、高校、金融机构等搭桥牵线，打破各种资源之间的信息壁垒，通过资源的协同联动，有序推进工业强基工程。例如，通过围绕先进增材制造装备、抗体药物、微创伤腹腔镜手术机器人、核电焊接、高效节能配电变压器及国产非晶合金带材等领域组织开展工业强基强链补链"一条龙"行动计划，把产业链上核心技术研发、工艺提升、技术应用及产业化的资源协同联动。二是点式打穿，集中力量攻破难关。从全国层面来看，工业基础需要补课的短板和难点还有很多，上海无一例外。如何避免有限财政资金"撒胡椒面"式的支持方式，充分发挥好政府资本的效用，成为当前考虑的首要问题。无论是目前的三年行动计划，还是未来五年及十年的战略布局，都是需要在每一个痛点上下功夫，持之以恒。上海在系统性推进工业强基工程过程中，有意识地缩小年度支持范围，每年计划支持领域不超过五个，通过加大单个项目的支持力度，每年滚动式增加总盘子资金量，并且针对痛点难点的项目实行跟踪式管理和支持，经过三年、五年及十年的支持，最终实现点上打穿的效果。三是梯度推进，有序落实强基计划。根据三年落实、五年推进、十年布局的战略安排，上海制定了梯度推进工业强基工程的行动计划，进一步加强现有基础优势领域，集中力量攻破亟待解决的难点和瓶颈，提前布局未来战略性科技和领域。一方面，通过建立工业强基项目储备库，在长期调研的基础上梳理一批优质项目，跟踪项目进度情况，适时纳入年度强基工程支持计划。另一方面，建立强基工程人才储备库，重点支持以人才团队为引领的强基项目。同时，充分利用好现有的产业配套政策，实现政策支持的联动效应。通过近两年的大力支持和培育，上海在工业基础领域已经涌现出了一大批优质新生企业，也培育了一大批制造业领域的隐形冠军企业，为对高端先进制造业的发展起到了强有力的支撑作用。

2.科技"小巨人"企业培育工程：着力于打造细分行业中的隐形冠军

打造具有全球影响力的科技创新中心，是习近平总书记对上海发展提出的目标和要求。上海科技型企业具有高成长性和自主创新性的特点，随着市场经济体系的不断升级，技术创新不断进步，原有的各类服务和支撑已难以完全满足新形势下上海中小企业的创新创业和迅速成长的需求。为此，上海在2006年开始前瞻性地布局实施科技小巨人工程，通过政策性精准扶持，有效引导社会创新资源向小巨人企业聚焦，旨在打造创新型、成长型、规模型的细分行业隐形冠军。

上海在实施科技小巨人企业培育工程过程中，更加注重企业的"质量"而非"数量"，通过政策点对点的精准扶持，提升企业的创新能力和发展能级。一是明确支持和服务的目标对象。从企业生命周期层面确定政策适用对象，扶持处于企业生命周期的成长阶段，且未上市的创新科技型中小企业，这一阶段的企业已穿越成长的"死亡峡谷"，但容易遇到融资能力不强、人才吸引力不够、管理水平欠缺等瓶颈。科技小巨人工程可以助力企业在高新技术细分行业获取"领头羊"地位。二是着力于打造一批高新技术细分行业的"隐形冠军"。更加注重扶持企业的质量，专注于提升中小企业特色的核心竞争力，以创新型、规模型和示范型为主要导向，甄选细分市场潜在领军者，通过鼓励企业的特色创新，营造良好的创新氛围。让那些初始规模可能不如大型企业，但其在所属领域不论是技术、品牌、市场占有率都位居前列的科技型中小企业，能引领众多的中小企业的发展，在完善创新生态方面发挥重要的示范作用。不以大幅度的资助为着力点，而是通过优选的甄别机制为企业背书，从而引导社会的创新资源向小巨人企业聚焦。三是创新服务管理机制。政府的扶持通常是从供给端出发，给予相应的财政补贴和税收优惠，往往忽略创新过程以及创新效果的跟踪与评估，对创新是否符合市场和社会的需求重视不够，即忽略了创新需求侧的拉动效应。小巨人工程变事前补助为事前立项、事后补助，通过完善的后期验收评估流程，保障工程实施的效果。四是更注重对小巨人企业创新能力和体系的提升。通过政府购买服务来促进企业的创新活动，将创新的主体真正还于企业，重点解决企业在创新中遇到的融资难、服务支撑少、人才吸引力不够等核心问题，提升企业整体的创新能力。

3. "专精特新"企业培育工程：培育中小企业创新发展的领头雁

在上海加快创新转型，深化对外开放的背景下，上海中小企业已成为上海经济发展的重要支撑，并立足于上海，面向全国，放眼世界，加快创新转型和价值链延伸，通过专业化、高端化、新兴化和特色化的发展之路，不断提升发展质量效益，不断增强发展后劲动力。"专精特新"企业培育工程是上海推进中小企业创新发展的一项抓手性工作，自 2011 年启动以来，上海"专精特新"企业数量已达 1665 家，培育了一大批专注核心业务、掌握自主知识产权、拥有独特工艺技术、具备竞争优势的高成长性企业，最终的目标和宗旨就是培育中小企业创新发展的领头雁，打造制造业细分领域的真正隐形冠军。

七年来，上海"专精特新"企业培育工程从顶层规划设计到构建全方位的服务体系，努力营造"专精特新"发展氛围，不断加大

"专精特新"企业服务力度，充分发挥市场主体作用，真正打造一片适合中小企业生存发展和创新提升的土壤和空间。一是积极营造"专精特新"发展氛围。2011年起，我们通过顶层设计、政策聚焦、企业培训、媒体宣传等多种手段，广泛推行"专精特新"发展理念，宣传"专精特新"企业及产品（服务），并联合相关部门制定了《关于加快促进"专精特新"中小企业创新驱动、转型发展的意见》和《上海市发展"专精特新"中小企业三年行动计划（2015—2017)》等指导性政策文件，营造中小企业走"专精特新"发展之路的氛围，"专精特新"成为越来越多中小企业的共识。二是建立全方位的企业服务体系。通过加强市区联动机制效应，建立覆盖全域的"1+17+X+N"中小企业社会化服务体系，搭建了中小企业互动服务平台，开设了中小企业服务热线，协调区县、街镇（园区）和各类社会化服务机构为"专精特新"企业服务，形成了一张"纵向到底、横向到边"的服务网络，为"专精特新"企业解决发展各阶段和经营管理各方面遇到的问题。三是充分发挥政策叠加优势。上海市中小企业发展专项资金不断加大对"专精特新"企业的支持，充分利用好现有的专项资金支持，企业技术改造项目优先支持"专精特新"企业提升产品和技术等级。四是着力解决"专精特新"企业融资困难。积极推进交行、招商、兴业、上海银行等多家银行开发"专精特新"企业信用贷款产品。通过政府部门与银行机构共建"小额票据贴现中心"，解决"专精特新"企业小额票据贴现难问题。通过举办企业改制上市培训活动，支持"专精特新"抓住"战略新兴板"机遇，在多层次资本市场挂牌上市。五是大胆创新"专精特新"企业合作平台。积极推动土地、市场、人脉、资本等各类资源要素在"专精特新"企业平台上共享或重新组合，拓展"专精特新"

企业的市场和发展领域。鼓励企业家们自发组建"专精特新企业家联谊会"，着力打造一个自我管理、自主发展的生态系统，创新企业之间的合作方式。目前已组建了绿色建筑、智能制造、绿色食品和绿色消费品四个专业委员会，促进会员企业在产业链上进行深层次合作。

（二）有效落实两大计划

1. 中小企业上市培育计划：培育制造业隐形冠军企业的潜力股

上海具有健全的市场机制和良好的企业营商环境，特别是在金融资本方面具备得天独厚的优势条件。为充分发挥金融资本对制造业发展的支撑作用，上海提出了中小企业改制上市培育计划，通过政府服务的创新，让金融资本与中小企业的资本需求实现了完美对接。2018年，本市新增境内外上市企业34家，募集资金415亿元。其中，A股市场新增上市企业9家，募集资金83亿元，与北京并列全国第四，目前全市共有A股上市公司283家，累计募集资金2664亿元，另有3家已过会待发行上市；新增境外主要资本市场上市企业25家，募集资金332亿元；新增"新三板"挂牌企业42家，累计挂牌企业916家。建立拟上市企业培育库，入库企业达2278家，其中，16家报证监会，115家报上海证监局。积极做好推出科创板及试点注册制的对接工作，梳理挖掘后备企业。目前本市"上市一批、辅导一批、培育一批"的格局进一步巩固。

在充分发挥市场主体机制作用前提下，政府需要敢于突破和创新服务模式，做好各种资源对接的桥梁纽带作用。在推进产业与金融对接过程中，上海市政府通过选择符合国家和市产业政策、成长性良好且有上市意愿的中小企业作为重点培育对象，争取通过系统性服务和配套政策支持，增强中小企业对现代企业制度和资本市场的认识，使一批中小企业治理结构进一步完善，规范运作水平明显提高，成长性明显增强，改制和上市进程明显加快。一方面开展培训工作，做好优质拟上市企业后备资源的挖掘和培育。通过创办"评选上海最具投资潜力 50 佳创业企业"和"上海市百家中小企业改制培育系列培训"等系列活动，深入挖掘出一批投资潜力企业，帮助和引导企业拓宽直接融资视野、树立上市目标。同时，针对拟上市企业所处阶段的个性化需求，提供针对性的咨询和服务，解决企业上市过程中的实际问题。另一方面完善服务机制，搭建资源平台。建立协同联动的工作机制，搭建跨区域、跨部门的工作交流、问题沟通互动平台，为企业的改制上市提供良好的政策环境和有力的服务保障。

2. 云上企业服务计划：面向企业打造政策集成服务

为有效解决企业对政府政策理解不清、有问题投诉无门等一些长期制约企业发展的"老大难"问题，帮助企业享受一门式政策和服务，推动产业政策落实落地，改变政策落实和效果评估的部门内部循环现象，有效提高政府服务效能，上海市经济和信息化委员会贯彻落实党中央提出的"放管服"改革要求，将企业服务平台作为优化营商环境的重要抓手，充分利用"互联网 + 政务服务"技术体系，在全市层面建立市区联动、服务便捷的企业服务平台。一是线上与线下融合，打破"服务孤岛"。企业服务平台线上搭建"上海市企业服务云"网站，线下建设"上海市企业服务中心"，线上与线下融合。充分发挥各区服务企业的主体作用，推动服务重心下沉，集聚市、区两级政府的政策、公共服务及社会机构的专业资源，使全市真正形成服务合力，建立企业服务"一张网"。二是兜底式服务，覆盖全口径企业。企业服务平台的服务范围涵盖在沪央企、地方国企、民营企业、外资企业全所有制企业，大、中、小、微、个体工商户全规模企业群体，企业初创、成长、壮大、衰退的全生命周期。在市级层面上，协调解决影响各区企业发展的瓶颈和共性问题；在区级层面上，发挥各区贴近企业的优势，主动解决企业困难，打通企业服务"最后一公里"。三是全过程跟踪，跨部门协同联动。通过建立全过程的跟踪督办机制，形成诉求受理、分派、解决、评估的服务闭环，确保"事事有反馈、件件有落实"。加强营商环境评估，推动市场主体参与营商环境建设，补齐企业服务短板。推动政府服务的跨界协作，打通企业诉求的处理链，构建企业服务的无缝对接网络。鼓励各区、各部门利用企业服务平台，跨区、跨部门研究解决企业实际困难。

（三）精准施策服务对接

近年来，上海坚持"稳中求进"的总基调，深化落实供给侧结构性改革要求，稳步推进"中国制造 2025"上海行动纲要和"十三五"规划政策文件的落地实施，通过出台相关配套的支持政策，保障上海制造业稳步发展。

1. 金融政策支持：近年来，上海加快推进金融服务与实体经济的融合发展，通过政府引导性产业基金、融资担保等方式推动产业的创新转型。2017 年，上海启动了制造业转型升级基金，并引导社会基金资本有序投入，在人工智能、工业互联网、传感器及物联网、新材料、航空航天、智能网联汽车、军民融合等领域，加大对制造业企业特别是中小企业的资金支持力度。在基金管理方面，充分发挥市场机制作用，积极引入社会资本管理服务模式，探索政府产业引导与市场化投资相结合的母基金直投策略。同时，完善基金管理制度化，提前做好风险防控工作，实现政府基金管理专业化、效率化。另一方面，积极探索金融服务模式创新，组织国家开发银行、产业基金、保险等金融机构，将其纳入产业链的协作环节中。例如，组建大型政策性担保机构，完善市区政策性融资担保体系，探索搭建"投、贷、担"联动平台，推进银企合作风险分担，组织国开行为中小企业提供低息贷款等。又如，率先设立"小额票据贴现中心"，平均单张票面金额仅 30 万元，解决小微企业集中反映的小额票据贴现难问题，等等。

2. 产业政策支持：为巩固提升实体经济能级，提升实体经济质量和核心竞争力，上海市政府出台了《关于创新驱动发展　巩固实体经济能级的若干意见》，以供给侧结构性改革为主线，提出了上海制造业未来五年战略性新兴产业制造业产值占全市工业总产值比重达到 35% 左右的发展目标，进一步明确了上海制造业未来发展的路径和方向。同时，为了全力打响"上海制造"品牌，打造全球卓越制造基地，上海市出台了《全力打响"上海制造"品牌　加快迈向全球卓越制造基地三年行动计划(2018—2020)》的指导性文件，通过对标国际最高标准、最好水平，以推进供给侧结构性改革为主线，以迈向全球产业链、价值链高端为目标，提出了全面实施"四名六创"的行动计划，引导上海制造业向高端化、品质化、融合化、协同化方向发展。

上海市经济和信息化委员会

2019 年 1 月 8 日

第一篇

联影：世界级高端医疗设备企业

崔人元

2014 年 5 月 23 日至 24 日，习近平总书记在时任上海市主要领导的陪同下，先后考察了中国商用飞机有限责任公司、上海联影医疗科技有限公司（以下简称"联影"）和上海汽车集团股份公司。在联影超导 MR 系统、CT 系统、超高分辨率 PET-CT 系统、数字化 DR 机等大型医疗设备面前，公司负责人向习近平总书记介绍这些产品拥有完全的自主知识产权。习近平总书记称赞他们为国争了光，要求有关方面做好政策引导、组织协调、行业管理等工作，加快现代医疗设备国产化步伐，"使我们自己的先进产品能推得开、用得上、有效益，让我们的民族品牌大放光彩。"

中国商飞、上汽集团是知名国企，但联影是谁？概要地说，联影成立于 2011 年 3 月，是一家医疗领域的高科技企业，主要业务一是研发并生产全线高端医学影像诊断设备和放射治疗设备，二是融合互联网、云计算、大数据分析、人工智能等前沿技术，提供医疗信息化、智能化解决方案。

今天，联影自主研发、创新和生产的高端医疗设备在 PET-CT、中高端 DR 和移动 DR 领域赢得国内新增市场份额第一，成功打入了国际市场，核心部件自主研制率居全球行业第一，获得与行业国际巨头的竞争优势。同时，联影通过基于 uCloud 联影智慧医疗云的一系列云端智能化解决方案，大幅提高了基层地区的医疗水平，有效缓解了国人看病难、看病贵这两大难题。

我们来看看，联影如此引人瞩目，究竟做到了什么？为什么做到了？

用更"硬"的硬件和更"软"的软件应对看病贵

习近平总书记指出，"健康梦"是"中国梦"的一部分。要加快高端医疗设备国产化进程和降低成本，让国民健康命脉真正掌握在国人自己手中。高端医疗事业大有可为。这一事业将对切实改善民生、增进群众福祉、为百姓提供更好的医疗条件作出巨大贡献。——确实，多年来，国内需要的大量医疗设备特别是高端医疗设备严重依赖进口，价格高昂到许多医院用不起，并成为老百姓看病贵的重要原因。

2014 年 8 月，联影携全线高端医疗设备产品，参加第 23 届中国国际医用仪器设备展览会暨技术交流会，举行了联影品牌暨全线产品发布会。这是联影首次正式向市场公开推出自己的品牌和产品，也是中国自主医疗设备品牌和产品首次在顶级行业技术交流展会上以诊断、治疗、远程医疗信息系统全线覆盖的产品阵容、领先国际的技术优势代表中国跻身世界高端医疗设备行业主阵营，这也标志着中国从此有了中国人自主研发生产的高端医疗设备，并将要

改变世界医疗设备产业的格局、推动医疗技术的进步。

这次发布的 11 款产品中，联影 96 环数字光导超清高速 PET-CT 以分辨率和扫描速度的双重突破填补了国际空白，打破了外国企业在该领域对中国市场数十年的垄断，推动同类进口产品纷纷降价。联影联席总裁、主要创始人之一张强说："我们希望通过自主研发和国产化，把高端医疗设备的价格降下来，并最终推动患者检查费用的下降。"

百尺竿头，更进一步。联影精进不怠，捷报频传，气势如虹——

2015 年 5 月，联影参加第 73 届中国国际医疗器械（春季）博览会，首次参会的联影与外国巨头同台竞技。联影推出了 6 款新品，其中 3.0T 磁共振成像系统、128 层螺旋 CT、96 环光导 PET-CT 尤其引人瞩目。2015 年，联影 96 环光导 PET-CT 和 1.5 T MR

产品的国内新增市场份额进入前三，一举打破外国企业数十年对中国市场的垄断。

2016 年 4 月，第 75 届中国国际医疗器械（春季）博览会举行，联影携横跨诊断、治疗、互联网医疗全线 21 款产品耀眼上场，包括全部核心部件及技术自主研发的世界首台 112 环数字光导 PET-CT。112 环数字光导 PET-CT 标志着联影在分子影像的前沿细分领域后来居上、领先于人。2017 年 5 月，联影携横跨诊断、治疗、互联网医疗 30 款全线产品，登陆第 77 届中国国际医疗器械（春季）博览会，发布 9 款新品，包括世界首台全景动态扫描 PET-CTu Explorer（探索者）、中国首台"时、空一体"超清 TOF-PET/MR。2017 年 11 月，中华医学会举行第 14 次全国放射肿瘤治疗学学术会议，联影首次参会，带来了核心部件全部自主研发的一体化 CT-linac，让参会专家惊喜不已。

2018 年 4 月，联影携横跨诊断、治疗、互联网医疗的拥有完全自主知识产权的 49 款全线产品，参加第 79 届中国国际医疗器械（春季）博览会，发布了包括覆盖 3 大产品线的智能光梭 1.5T 磁共振、智能 CT、智能数字 PET-CT 等智能化设备的 7 大新品，以及 10 大智能应用。

目前，联影已向市场推出 56 款掌握完全自主知识产权的产品，设备装机覆盖全国 31 个省、自治区、直辖市，全线产品进驻 300 余家三甲医院，用户量累计 2600 多家，PET-CT、中高端 DR 和移动 DR 新增市场份额位居国内第一。

用户对联影医疗设备的性能相当满意。复旦大学附属中山医院是中国核医学领域的翘楚，该院院长樊嘉说："我们以往都是依赖进口，近几年采用的联影生产的设备，其界面的友好程度、影像的清晰程度、诊断的负荷利用程度等，都不差于外国巨头的设备，有些方面可能还更好一点。"中国人民解放军总医院（301医院）是联影医疗设备的首批用户之一，也是迄今单体医院装机最多的用户，累计已使用联影医疗设备完成检查150多万人次。该院放射诊断科主任医师马林说："2018年，解放军总医院参与工业和信息化部、国家卫生健康委员会牵头的国产医疗应用示范项目，对比验证显示联影国产磁共振产品，在技术性能、图像质量、售后服务等方面，与进口磁共振产品处于同一水平，完全满足临床功能、可用性和稳定性的需要。"

联影医疗设备不但硬件在技术、质量和效果上都过硬，甚至比外国企业的"更硬"，同时，配套的软件也可以说比外国企业的"更软"，因为采用统一的平台和底层架构，以模块组件方式开发应用程序，更先进、经济和好用。联影医疗设备不但大幅降低了高端医疗设备的价格，有效地缓解了导致国人看病贵的一个重要原因，还大幅提升了诊断病情的精确率，降低了医生诊断病情的难度。

"U+ 互联网医疗"应对看病难

联影在创立之初即开展"U+ 互联网医疗"战略布局，瞄准社会痛点：长期以来，医疗资源分布不均、专业医学影像人才匮乏、很多地方缺乏高水平医生，加重了看病难的问题；"上医治未病"，亟须普及重大疾病的早筛查早治疗。联影董事长兼首席执行官薛敏介绍，联影"U+ 互联网医疗"是一个智能医疗生态系统，联影全线高端医疗设备、联影智慧医疗云，以及基于它们所采集的大数据和相关大数据挖掘应用是关键支柱。实施时，以联影区域影像中心为基础依托、以联影智慧医疗云为医疗信息化和智能化技术纽带、以联影分级诊疗解决方案为系统，通过互联网打通省、市、县、乡各级医疗卫生机构的业务通道和数据、信息通道，完整构建医学影像分级诊疗体系，实现区域医疗资源共享，让优质的医疗资源、医生经验和智能服务向基层下沉，提供远程诊断、会诊、教育培训、设备维护支持等整体解决方案，并在此基础上进行数据挖掘，实现以大数据应用为依托的智能诊断、重大疾病早筛和精准治疗，真正做到"大病不出县，小病不出乡"。

2014 年 4 月，联影—嘉定区域影像中心正式启用。这是联影"U+ 互联网医疗"的首个区域影像中心和落地项目，也是迄今国内运营经验最丰富、模式最成熟的区域影像中心。该中心以上海市嘉定区中心医院为核心，全面连接区内社区医院、二级医院和三甲医院。社区医院只需配备一个技师，完成拍片后，把所拍片子的电子文件通过互联网上传到一个专有的"联影影像云"空间。随后，嘉定区中心医院的专职医生会在 30 分钟之内完成诊断报告，并将诊断报告传送回社区医院，碰到疑难杂症还可发往上一级医院进行远程会诊。该中心运营 1 年就实现 22 万多次远程诊断，最高峰值达每日 1600 多次，协助基层医院放射科拍片合格率提升至 99.5%，社区医院被充分激活，方便了居民看病。2016 年，云南省德钦县、青海省久治县的人民医院联入该中心，实现跨省远程诊断，让偏远地区和大都市共享优质医疗资源。

2014 年 8 月，联影向上海之外推展影像中心建设。2014 年底，安徽省作为国家县域医学影像中心建设首批试点省份，联影开始建设中国首个覆盖全省范围的影像中心；现已建成了目前全国最大的

省级影像云，也是目前全国唯一依托云平台的省、市、县、乡区域医学影像共享服务体系，实现了安徽省 4 家省级三甲医院、183 家县级医院与 396 家乡镇医院的互联互通；实现了放射科的远程诊断、会诊，各医院所有影像资源均上传至云端进行资源共享以及存储、归档、管理；至 2018 年 5 月，累计上传影像数据近 130 万例，平均每天开展影像远程会诊 / 诊断 500 多例。安徽医科大学第一附属医院在联影支持下，牵头组建了安徽省医学影像专业医疗联合体，这也是全国首创。2018 年 5 月，受国家卫生健康委员会委托，由有关部门领导、行业协会和专家组成的调研团对安徽省县域医学影像中心建设进行了实地考察。调研团给予高度评价："这是多年来那么多医疗改革试点项目中，最接地气、最受欢迎、最能推广的一个项目。"并称之为"安徽模式"，建议尽快推广到全国。

2015 年 1 月，联影以智能诊断为核心的新型早期肺癌筛查平台在上海市 7 家三甲医院投入应用。这是国内首个以大数据为依托，以智能诊断和重大疾病早筛为核心的区域实践。

2016 年 1 月，联影携手深圳华大基因科技有限公司、中金数据系统有限公司与贵州省人民政府签署协议，启动共建以医学影像数据与基因数据为基础的精准医疗大数据中心、国家基因库（贵州）、贵州"基因＋医疗影像"县域精准医学中心等重大项目。这将真正做到大病早诊断、早治疗，从根源上降低就医成本与因病致贫、返贫的概率。2016 年 5 月，"联影—遵义市播州区精准医学分级诊断中心"下设的"联影—遵义市区影像中心"率先投入试运行。截至 2017 年 5 月，该影像中心远程诊断病例就超过了 7 万例。

先做出过硬的成绩然后才向外宣说，这是联影的做事风格。2015 年 5 月，在第 73 届中国国际医疗器械（春季）博览会上，薛敏首次正式对外公布了联影"U＋互联网医疗"战略。2016 年 4 月，在第 75 届中国国际医疗器械（春季）博览会上，薛敏又多维度地阐述了联影"U＋互联网医疗"的核心内涵，并正式公布了"U＋互联网医疗"战略已取得的突破性进展。

2016 年 10 月，在第 76 届中国国际医疗器械（春季）博览会上，联影正式推出"联影 U＋分级诊疗整体解决方案"，构建区域影像中心，通过远程的诊断、会诊、教育培训、服务、双向转诊等功能，实现分级诊疗，区域影像中心还可全面升级为集影像、超声、心电、检验、病理、基因等分中心为一体的精准医学分级诊断中心。这一分级诊疗模式也是全国首创。2017 年初，湖北当阳市人民医院与联影共同搭建精准医学分级诊断中心，在全国首先实现了影像、超声、心电、检验、病理等多学科远程协同。

2017 年 10 月，基于联影智慧医疗云，建成了以西藏日喀则市人民医院为中心的远程医疗平台，向上连接上海 20 多家三甲医院，向下连接日喀则当地 5 县各乡，日喀则 80 多万人都能享受到上海的优质医疗资源。

至 2017 年底，联影"U+ 互联网医疗"项目已经遍布上海、安徽、贵州、湖北、云南、辽宁等地，清晰的分级诊疗体系也已在多个省市成功搭建，助力政府构建了 50 多个区域医学影像中心和区域精准医学诊断中心，覆盖了超过 1 亿的人群。

2018 年，联影智慧医疗云已搭载了联影自主开发的 20 余款云端高级应用和人工智能辅助诊断引擎，相当于为各临床科室医生配备了一位 24 小时待命、5 年至 10 年资历的放射科医生，大幅提升了基层医院的诊断水平和效率，降低了医疗成本和费用，让三甲医院有更多精力专研疑难杂症，推动医疗进步。这位"放射科医生"还将基于云端积累的大数据进行深度学习，以提升效率和精准度。

成为世界级医疗创新引领者

联影的企业愿景是："成为世界级医疗创新引领者。"联影一直向这个目标稳步前进。

2017 年 8 月 24 日，联影迈出走向国际市场的重要一步：在日本名古屋藤田保健卫生大学医院（世界顶级医院之一）举行了联影 96 环光导 PET-CT 进驻日本仪式。日本核医学会理事长、大阪大学教授畑泽顺说："风正从中国吹来！"引得掌声雷动。日本是世界医疗设备第二大医疗器械市场，对医疗设备一直要求极高，外国产高端医疗设备要进入日本极其困难。这是联影的一小步，却是中国高端医疗设备走向世界的一大步。同年，联影也叩开了同样难进的英国市场的大门。

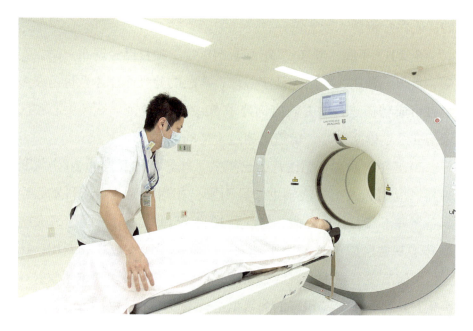

日本藤田保健卫生大学医院放射科技师在操作联影 96 环光导 PET-CT

　　双方还揭牌成立了联影—藤田保健卫生大学医院联合实验室，首次打通了中日核医学国际化"产—学—研—医创新链"。该医院放射科主任外山宏曾 4 次率队到联影考察，目睹了联影医疗设备在中山医院担当主力，其工作流、稳定性完全能经受住高标准、严要求的考验；联影与中山医院基于联影 96 环光导 PET-CT，共同开发出了一项核医学尖端技术成果——智能延迟成像技术，并于 2016 年 9 月在世界分子影像大会上获得核医学低剂量领域最突出贡献大奖，这是此奖项首次颁发给中国人。

　　2017 年 5 月，联影正式公开发布了被业界誉为"探索人体的哈勃望远镜"的拥有 2 米超大扫描视野的 PET-CT uExplorer（探索者）。PET-CT uExplorer 是分子影像领域的重大突破，是医学影像发展史上的里程碑产品，也是联影成为世界级医疗创新的引领者的里程碑。探索者联盟是美国国家卫生研究院（NIH）特批支持的重大科研项目"EXPLORER"的承担者，集结了美国分子影像领域顶尖的研发人才。探索者联盟在全球寻觅合作伙伴，经过 1 年多考察，才决定选择技术先进的联影作为其全球唯一的研发和产业化合作伙伴。PET-CT uExplorer 的研发设计是基于联影 112 环数字光导PET-CT，联影拥有完全自主知识产权。PET-CT uExplorer 将助推低剂量扫描、癌症微转移研究、免疫治疗、诊疗一体化等领域的发展，为探索生命奥秘打开一扇不可限量的全新大门。

联影一直很重视对于医学前沿研究的推进。基因组学和影像学是临床精准医疗依赖的两大基础信息源，国际学界始终在进行二者关联性研究。前面说过，2016 年 1 月，联影携手华大基因等在贵州省启动系列重大项目，标志着全球精准医学诊断时代的正式开篇。

2017 年 7 月，中国中西医结合学会医学影像专业委员会第 15 次全国学术大会召开前夕，联影发布了自主研发的中医磁共振设备，可用于中医临床诊断和中医治疗机理研究。参会的近 300 名专家、学者认为，联影开创了中医与现代影像融合交织的新时代。至今，有关应用和研究已取得多项成果。

2018 年 8 月，中医影像诊疗联盟成立暨产学研用高峰论坛开坛，专业人士共话中医影像现代化发展之道。联影协同中国中医科学院广安门医院成立了全球首个中医影像及人工智能研究中心，还与 40 多家著名中医院成立了全国首个中医影像诊疗联盟。该联盟是中医行业规模最大的集分级诊疗、远程教学、业务培训和中医科研等为一体的综合性联盟；进一步为中医诊疗插上信息化的翅膀，为中医医院提供一个协同创新的平台。

创新的常道与非常道

多年来，中国医疗设备市场快速增长，但大部分市场被外国企业占据。以 2014 年为例，国内医疗设备市场 70% 多被通用、西门子、飞利浦三巨头占有，高端市场更是 80% 多被三巨头垄断了，剩下份额由东芝、东软等瓜分。高端医疗设备是一个多学科交叉、知识密集、技术密集、创新密集、资本密集的产业。过去，国产医疗设备企业整体状况是"低技术、低质量、低价格"，对研制高端医疗设备完全是有心无力甚至无心无力。中国企业要研制高端医疗设备，可说是在"负起点"出发。但联影硬是创造了历史！联影靠的是守正用奇的创新拼搏，正是常道，奇是非常道，创新是贯穿于其中的灵魂。

联影创新的常道，概括来说就是薛敏所讲的"全方位修炼好自己的内功"。产品质量是最基本的内功，必须首先夯实产品质量。薛敏要求："产品质量一律对标国际水平，并要经得起最高标准的严格检验。"目前，联影已有多项产品经过全球顶尖认证机构评测，通过了 FDA、CE 和日本 JFDA 认证。联影同样紧抓服务质量，要求以打造服务业的精神打造高端制造业的服务。联影的售后服务得到了用户和第三方的高度评价。

联影认为自主创新、掌握核心技术是修炼内功的根本。薛敏要求："产品的所有性能指标必须达到并部分超越世界最先进水平，且必须具备人无我有的亮点！"联影是目前唯一的产品线覆盖全线高端医疗影像设备并同时拥有自主知识产权的核心技术的中国企业，创造出了众多业界"首台"，在国内市场已经居于领先态势，在国际市场成为有力的竞争者。薛敏说："只有坚持自主创新，才能不被外国巨头扼住喉咙。如果只满足于中低端市场，路只会越走越窄。在外国品牌垄断的中国高端医疗设备市场，不想'求胜'，而仅'求生'，是没有出路的。只有始终坚持自主创新，在跟随中创新，在创新中超越，才能打破外国巨头多年的市场垄断和技术垄断，锻造出民族品牌和竞争力。"

联影迄今已牵头承接了多项国家级别的重大研发项目，在国家"'十三五'数字诊疗设备重大专项"中的高端医疗设备领域承担了7大研发项目，成为专项中牵头承担项目数最多的企业之一。2016年，联影凭借磁共振创新技术平面回波成像序列的图像重建方法，获得高端医疗设备行业首个中国专利金奖（奖项由国家知识产权局和联合国世界知识产权组织联合颁发）。联影重视前瞻性的研究创新，一方面在当前的主流市场上站稳脚跟，一方面以前瞻技术搭建3年至5年后的"超车赛道"。公司成立了联影研究院（CRC），还在美国设有4个研发中心，协作在前沿技术领域寻求突破，研究未来5年以上的行业前瞻性技术，为实现全球市场竞争优势和成为世界级医疗创新引领者提供前瞻技术指引。

联影把设计创新视为自主品牌突出重围的重要创新支柱之一，并提到公司发展战略的高度，成立了联影设计创新中心（CDIC），负责全线产品的工业设计、用户界面设计以及设计创新战略的制定，这在当时行业中是没有先例的。到2016年，联影已有11款产品获得世界工业设计至高殊荣 iF 设计奖和红点奖，成为中国首家、亦是唯一一家全线产品均在工业设计领域获国际权威认可的本土医疗设备公司。"走进联影，第一感觉就是够品位：产品设计够品位，企业管理够品位，制度流程够品位。"时任全国政协副主席、科技部部长万钢说。

联影非常重视人才，尊重和发挥人才的创造力。联影用事业、用待遇、用理想、用情感吸引了各种优秀人才。张强说："我们特别重视人才。联影现在有 100 多位海归人才，其中顶尖的领军人才有十几位。"联影进军医疗 AI，2017 年 10 月成立了 AI 子公司联影智能，而请来的领军人物是医疗 AI 领域国际权威学者沈定刚、国际医学影像 AI 商业化领域最具影响力的周翔，团队可以说是梦之队，吸纳了全球范围医疗 AI 和医疗大数据领域的顶尖人才。

薛敏说："修炼内功不仅要时刻自省，向内观，更要向外看，开放自己。要把舞台做大，投入更激烈也更有益的国际空间，把自己历练得更强。在持续夯实质量、练好创新内功的基础上，应更积极、更自信地全方位参与国际竞争与合作。"联影胸怀开放、眼界开阔地积极与外界强强联合进行研发创新。联影重视建设产—学—研—医创新链，坚持以企业为主体，以临床应用需求为引领的创新，已与国内外多个著名高校、临床医院、科研机构和企业紧密合作，开创产—学—研—医协同创新平台。例如与华为技术有限公司联手合作分级诊疗医疗云，助力国家分级诊疗体系建设。

联影创新的常道，还有供应链管理。高端医疗设备非常复杂，行业以整机系统生产商为核心，衍生出庞大又细分的供应链生态。联影以全新的工艺标准去要求、帮助并提升上游供应链厂商。在与其他合作伙伴合作中，联影同样秉持这种共生共进共荣共赢的合作精神。

联影创新的非常道，首先在于战略。薛敏有 30 多年的行业经验，是洞察时务的俊杰和了不起的企业家，创业初就为联影提出"全线产品，自主创新，七大事业部"发展战略，该战略非常大胆和有创新性，之前从未有过敢四面出击全线开花的初创企业。薛敏说："高端医疗影像设备领域，外国公司积累了几十年，国内任何企业要通过自主创新突围，如果只是单点发力切入，势必会被迅速'围剿'。我们在产品线布局上是全线覆盖、全面铺开，而非只攻一点，是列强环伺逼出来的。通过自主创新，在外国巨头技术封锁、市场垄断下杀出一条血路，打开市场空间，这是中国自主品牌突围的唯一路径。与外国巨头同台竞技确实压力山大，但一旦在这种压力下成长起来，企业将自然拥有全球影响力。"联影在产品定位上以高端为本，开始就做高端产品，抢占制高点，直接从北京、上海的顶级三甲医院入手，以高性能产品在高端用户圈层建立品牌口碑，然后再自上而下推广，居高临下，势如破竹。目前，联影的 7 大高端医疗设备事业部是：计算机断层扫描仪（CT）、分子影像（MI，PET/CT）、磁共振（MRI）、X 射线（XR/X-Ray）和移动医疗（m-Health）、部件（CO）、医疗软件（HSW）。联影创立初就注重平台建设，搭建了硬件、软件、服务、产学研医协同创新等平台，以使战略得到执行，并成为企业竞争力的重要组成部分。

联影创新的非常道，还在于极富价值的商业模式创新，其内容是"U+ 互联网医疗"、高端医疗设备研发制造与互联网技术的深度融合发展，致力于以 AI 技术打造贯穿疾病诊断、治疗全过程的全智能医疗产品及服务生态，整合影像科技与生物基因科技，建立影像＋基因的精准医学技术平台。正如薛敏所说："联影'U+ 互联网医疗'整合互联网、云计算、人工智能、大数据分析等前沿技术，实现优质医疗资源云端协同共享、海量诊疗级大数据深度挖掘应用，提供医疗信息化、智能化解决方案。其相关产品和服务在未来创造的利润，将远远超过设备销售。它所创造的社会价值，将大大提升每个人的健康福祉。"值得注意的是，联影的商业模式创新是基于自身拥有核心技术的自主知识产权，从而保障了该商业模式的核心竞争力和可持续发展能力。

自强不息与川流不息

当初，薛敏提出："联影要做高端医疗设备行业的华为。"今天，联影自强不息，以核心技术创新为基石，搭建了包括核心技术创新、产学研医协同创新、设计创新、商业模式创新等在内的整合创新矩阵，已占领高端医疗设备的国际制高点，拥有一批引领未来的核心技术，为产品性能的持续提升和成本的持续降低提供完全自主的、具备强大延展性的技术平台，为引领行业下一轮变革的前瞻技术在中国出现蓄能积势，并将在超越行业巨头中成为当之无愧的、具有强大的可持续竞争优势的世界级医疗创新的引领者。联影商业模式创新的无量前景，更将为中国医疗甚至世界医疗带来革命性的变化，造福亿万民众。

"这条河是当年郑和下西洋的起点。联影从这里起步，算是一个巧合。"在联影位于上海嘉定医疗设备产业园区，薛敏指着流经园区的河流说，"这是个挑战与机遇并存的时代。我们是这个时代的受益者，也将是下一个时代的创造者。未来 10 年到 15 年，是中国企业全面参与国际竞争、实现超越的窗口期。我们需要牢牢抓住时代机遇，在与新技术、新学科的融合创新中实现超越。我们将在磨砺中成长，在创新中精进，不负当下，不负未来。"

陈　曦

2018 年 4 月 16 日，在湖北省孝感市中心医院，上演了一场微创手术的现场直播——"微创胃肠外科手牵手——孝感演示会"，这在孝感市中心医院建院 155 年的历史上还是第一次。

演示会上，来自不同医院的三位全国胃肠微创外科领域的顶级专家，带领手术医生、麻醉医师、护士团队和数据管理专家团队，全方位、系统性地示范了多台精准高效的微创手术。40 多家县级医院的 100 多名中青年骨干医生全程观摩了演示会，同时，讲座和手术演示全程同步在专用网络直播，在线观看达近 7000 人次。

在 3D 腹腔镜现场直播视频上，首台示范手术的主刀医生李国新教授围绕肿瘤病灶，沿组织间隙开始淋巴结清扫、离断血管、保留良性组织，最后完成肿瘤切除、消化道重建等，整个手术过程一目了然。

而手术中，专家使用的一款腔镜吻合器更是因其完美的成钉效果和超大弯转角度（60 度）等优异表现，得到了与会专家与医生们的一致认可。

腔镜吻合器能够达到 60 度的弯转角度，属全球首创的最大角度，已经达到全球领先水平。而这款产品，正是来自"中国制造"——上海逸思医疗科技有限公司（以下简称"逸思医疗"）。

值得一提的是，逸思医疗研制的包括腔镜吻合器在内的一系列高端微创外科产品，自 2014 年陆续面世以来，正逐步打破国外企业在微创外科医疗器械领域的垄断，已经迫使进口品牌把价格下降了 1/3。

萌芽：朝阳产业待开启

技术创新需要经历一个从创意设计到实践检验，再不断优化升级的过程。医疗产品事关人民的健康福祉乃至生命安全，因此该领域对于技术创新的探索、发展过程更需要谨慎。当然，一旦方案得到验证，其对于人类的贡献也是不可估量的。

以外科手术为例，逸思医疗创始人、董事长、首席科学家聂红林介绍："用开放式外科手术治疗肿瘤的方法，已经有数百年的历史。开放式手术是最早、最常见的方式，最早医生都是用手术刀、手术钳、缝合线等做手术。到 19 世纪初，才进入借助器械进行自动缝合的时代。20 世纪 60 年代，又出现了将很多个缝合钉预装在一起的钉匣，可以用一把器械实现 50 毫米到 100 毫米组织的同时切割和缝合，不仅把手术的时间大大缩短，也提升了手术质量；同时，降低了外科医生的培养难度，缩短了培训医生外科手术的学习过程，加快了外科技术的推广普及速度。类似这样的创新器械不断涌现、进入临床应用，为全球患者提供了更优的治疗方式。"

上海基地外景

　　同样，肿瘤外科治疗方式从开放式手术到微创手术的转变，也体现出科学进步为患者带来的福利。以结直肠癌为例，开放式手术需要切开患者腹部皮肤，完全暴露腹部患癌的肠段和其他器官，医生要在目视的情况下，进行组织分离、肿瘤病灶切除和健康肠段的吻合工作，开放式手术对患者的损伤非常大。与开放式手术不同，微创手术不需要切开皮肤，只需要在腹部的皮肤上打几个直径12毫米左右的小孔，从小孔中插入器械就可以完成肿瘤的切除和组织缝合等手术操作。

　　微创手术的优势体现在：患者创伤小，对正常组织损伤小，患者失血少、术后住院周期短、康复快。比如，一般情况下，国内开展的胃癌微创手术，术后恢复期只需要大约 5 到 7 天的时间，相比开放式手术动辄十几天甚至几十天的恢复期，不仅大大缩短了时间，也减少了诸如消炎、促进伤口愈合等药物的使用。

　　对于医院而言，微创手术同样更具有成本优势。第一，微创手术中的医护人员的人工成本更少，原因是微创手术的时间大概只需要开放式手术的 1/2 至 2/3，医生和麻醉师、护士等医疗团队每天可以做更多手术。第二，不需要"开膛破肚"的器械，患者失血也少，微创手术减少了部分器械成本，也减少了输血成本。第三，患者住院时间缩短，对于医院而言，相同时间内可以接收更多的患者，成本优势提升。

因为上述优势，微创手术被医学界认为是"金标准"之一。然而，尽管如此，微创手术在我国肿瘤病例中的应用率还很低，只有7%至10%。原因之一是微创技术普及率低；原因之二是肿瘤患者早期诊断率低。

面对这样的情况，聂红林依然很有信心地表示，微创手术是未来的大方向。他认为："现在，微创手术的价格已经与开放式手术差距不大。未来随着微创器械研发越来越成熟，微创手术成本还会进一步降低。同时加快微创技术推广，不仅能提升患者术后的生活质量，对减轻国家医保负担、提升医院治疗资源供给效率也都是有利的。因此，微创是未来外科技术发展的大方向。"

初创：始自技术的创新

在成立逸思医疗之前，聂红林在医疗产业已经浸淫了10年，从工程师做到了副总，从毫无经验的职场菜鸟，成长为能够洞察产业远景的行业专家。前8年时间里，他亲身参与了一个成功企业的早期创业历程，作为核心技术成员见证了这个企业通过技术创新和品质管理，从初创企业逐渐成长为与进口品牌比肩的高端国产品牌的过程，也见证了一个高端国产品牌崛起并引导进口产品大幅降价，从而让患者获益的过程。这段亲身经历激发了聂红林强烈的社会责任感，他说："这是一个很震撼、很自豪的事业，可以用豪情万丈来形容那些创业日子里的感觉。即使后来离开了，仍然觉得自己参与了一件伟大的事情。"

2011 年，聂红林作出了一个重要的决定，决心离开原来的团队，由自己开启一个充满创新并立志于造福患者的创业历程。他回忆，当时国内大外科产业领域内资企业还很孱弱，肿瘤微创器械领域更是几乎一片空白，进口产品在国内市场完全处于垄断地位，产品价格高，技术推广速度慢。"微创外科治疗方式对患者益处很显著，所以我觉得应该进入这个领域，在这个领域打造出一个高端国产品牌，就可以把价格快速地降下来；等我们也在市场上占据领导地位后，再大力推动微创技术的推广普及。这其中有巨大的发展空间，患者有需求，国家医保有迫切降价的需求，市场就有需求，所以我觉得这应该是我们创业的方向。"

作为企业的创始人，聂红林深知，现代企业的核心竞争力就是技术创新，只有掌握先进的技术，才能在激烈的市场竞争中获胜。因此，逸思医疗的开端就是创新。

聂红林表示，逸思医疗是在厚积薄发地创新和打磨品质，耐心地为自己创造机会。2011 年 11 月，逸思医疗在张江注册成立；2014 年 11 月，逸思医疗获得第一个产品注册证；直到 2015 年 7 月，公司才将第一个产品正式发布上市，经历了超过 3 年半的创新研发、设计优化和质量优化过程，拉长了销售空白期，突出了一个"慢"字。

然而，正是这个厚积薄发的"慢"，为逸思医疗打下了深厚的技术基础。因此，产品一经面世，公司销售额便呈几何级数增长，在第二个完整销售年度的 2017 年就实现了销售额破亿元，重新书

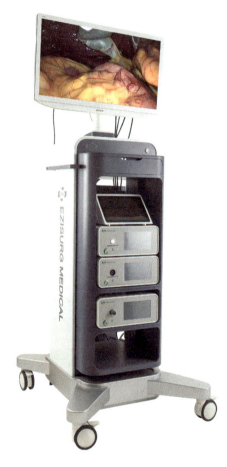

4K 超高清腔镜系统

写了国内吻合器细分产业领域的创业成长记录。

虽然销售额每年翻几番，但是聂红林坦言，公司还没有实现盈亏平衡，原因在于持续大量的创新研发投入和微创技术推广投入。其中，在公司研发投入方面，2017 年占比高达 43.90 %，2018 年仍继续保持高速增长。在 7 年的创业时间里，逸思医疗就陆续推出了包括吻合产品线、能量产品线、腔镜系统产品线和外科支持产品线等在内的四大产品线，成为在全球范围内提供最完整的微创外科手术高端产品解决方案的企业，并且每个产品线的核心产品都拥有具备重要临床价值的创新技术。

其中，一款腔镜吻合器产品一举实现了全球首创的单手操作功能、全球最大的弯转角度（60 度）和更好的成钉效果等多项性能优势，在临床应用中，比进口的国际医疗巨头的同类产品更安全、更便捷，扩大了产品临床适用范围，更有利于患者的健康和安全。

在进口超声止血刀占据中国 95 % 以上市场份额的背景下，逸思医疗抓住提升产品性能、降低手术成本这个突破口，开发出第一代超声止血刀产品，其核心技术指标（包括切割速度、血管爆破压）

就达到进口同类产品同等水平；随后，第二代超声止血刀产品又进一步实现技术突破，在国家药监局的鼓励下，实现了全球首创的可重复使用的技术解决方案。

在腔镜系统产品线中，逸思医疗的荧光腔镜系统研发进度紧跟国际潮流。在吲哚菁绿（ICG）荧光显影剂注入后，在白光充足的情况下，系统也能以独特的绿色显示 ICG 充填的神经、血管、淋巴组织、胆囊或其他脉管系统，协助医生在高亮度的光学影像环境下，清晰地定位特定组织，从而引导医生精准分离组织，可降低此前手术为了充分切除病变关联组织过程中因为判断不准确，而把一些本来正常的神经、血管或淋巴等组织错误损伤的概率，是目前真正意义上能在临床中实现肿瘤微创外科手术精准治疗的基础平台技术，也将是在微创技术推广方面，能大幅缩短中青年医师学习曲线的重要技术平台。

逸思医疗在进行技术创新的同时，兼顾实施全球知识产权战略布局，已经取得了阶段性的成果：创业 7 年来，公司已累计申请 97 项专利，拥有中国发明专利 26 项，国际专利 31 项。

更重要的是，逸思医疗的出现，打破了肿瘤微创外科器械领域被外国企业完全垄断的格局。"从我们的产品上市到现在，进口产品的价格在某些省份的招标中，直接降幅超过 30%；而进口产品在国内市场的占有率也快速降低至 85% 左右。当然，凡是逸思医疗进入的领域，未来产品价格还有更大的降幅空间。"聂红林说。

质控：重拾民族自信心

真正要打破进口垄断，高度的质量意识是重要保障。重拾国械信心，不仅是企业自身发展的必然要求，更是民族企业应负的社会责任。

为此，逸思医疗结合行业经验开展了积极的探索。严格按照ISO13485（医疗器械质量管理体系）和相关法规制度建设高水平质量管理团队，对产品全生命周期进行严格的质控管理。不仅从制度体系、设计开发、生产过程、生产环境、上市监督各个阶段进行质量管控，还将产品生产质量管理覆盖到供应商端所有零部件的生产过程。

在产品质量的控制方面，借鉴航空、航天、汽车等先进制造业供应商质量管理的经验，逸思医疗专门组建了面向供应商质量管理的专业团队，成员包括供应商质量工程师（SQE）和供应商工艺工程师（SE）。其中，SQE负责帮助供应商建立有效的质量管理体系，提升质量保证能力；SE负责与供应商一起完善优化零部件的加工制造工艺，通过转移成熟的设计验证/确认程序，在现场有效实施工艺验证和优化。

在产品性能方面，一体化设计与对原理的深入了解，让逸思医疗在质量管理上更有底气。聂红林表示，我们更了解零件与零件之间的相互运动关系、力学关系。"我们很清楚用什么材料、什么工艺，组装配合精度等等。产品设计过程中，我们会控制好各个零部件的配合间隙，组装完成后产品的性能就会变得很好。其他的企业如果想抄袭我们的产品，结构尺寸可以抄走，但是配合精度控制到多少合适，用什么材料，用什么加工工艺，这个很难简单抄袭。比如，在塑料材料的铸塑工艺当中，用的是300摄氏度还是200摄氏度的温度，直接决定了产品的性能到底好还是不好。这是需要经验和实力的。"

同时，对于尚无先例的行业技术，与供应商联合开发也成为逸思医疗开创之举。

聂红林介绍："逸思医疗的加工设备，比如激光焊接的设备，激光打标的设备，还有公司和自动化企业联合开发的自动化机器人来进行产品的组装生产，在业内属于首创。"

目前，逸思医疗已经组建了专门的自动化团队。在供应商不能按要求开发出理想设备的情况下，逸思医疗的自动化团队会设计出图纸，供应商按图加工。通过图纸的传递，技术外散，培养出一批优秀的专业机器人供应商。可以说，逸思医疗也带动了行业生产的自动化能力的提升。

例如，腔镜吻合器生产过程中，每个钉匣要安装 90 颗差不多头发丝粗细的钛钉。以前，都是工人用手一个个地组装，安装速度慢，而且容易出错。工人力度不均，都可能导致钛钉变形，引起质量风险。

为此，逸思医疗开发出本领域组装机器人，不仅使组装速度提升了，质量稳定性也大幅提升。

作为隐形冠军，逸思医疗初步具备了撼动产业链的能力。聂红林说："对下游，在自动化这方面，在我们的影响下，有些企业一下子活接不过来了。供应商参与到我们的生产过程中，我们不断给他们输入创新理念，提出功能、性能需求，迫使他们不断挑战自己技术的极限。"

借力：智库模式助发展

北京协和医院妇产科副主任向阳教授认为，医疗器械是为临床服务的，只有在临床中用得好，这件器械才具有更强的生命力。因此产品的研发离不开临床，让临床专家参与进来，跟研发团队深入沟通，形成全新的互动合作模式，是国产医疗设备创新的出路。

逸思医疗的创新及产业化模式，除了依靠企业内部研发人员的力量之外，还吸纳了一批具有创新精神的临床外科专家、来自相关科研院所的科学家／工程专家、有重要影响力的医学期刊专家等团队。聂红林介绍："通过临床专家与工程技术团队的创新合作模式，把临床专家的创新火花或灵感转化为技术方案或产业化的医疗器械，是在中国医疗器械领域实现技术创新和产品创新的高效模式，也是打造有全球影响力的国产医疗器械品牌的出路。"

聂红林在谈及国产医疗器械产业的发展方向时，毫不藏私地分享了"逸思智库"的核心思想和理念——在"逸思智库"的创新模式中，由逸思医疗的工程技术团队将临床医生的创新点子转化成可行的工程技术方案，医生作为专利发明人在发明专利中率先署名，享受发明人应有的"荣光"；由逸思医疗提供创新技术的工程样机，支持外科医生的临床研究；对于有重大临床价值的创新成果，再由逸思医疗重新进行产业化设计，申请医疗器械注册证并推向全球市场；最终，逸思医疗根据实际情况对专家的知识产权实行一次性买断，或者让其从盈利后的销售收入中获得合理的经济回报，充分调动了专家创新的积极性。

成立至今，逸思医疗依托这样的"逸思智库"模式，与国内众多知名三级医院开展多层次学术交流、科研研究和临床示范应用合作，聚拢了一批医学专家、学者，推动了产学研医的多次合作共赢。

从 2014 年起，逸思医疗承接了上海市科学技术委员会为期三年的科研计划项目《国产腔镜吻合器扩大临床应用研究》，并与上

海 8 家三甲医院的外科专家开展了合作；2016 年底，逸思医疗与 17 家国内三甲医院启动了 60 度转角腔镜切割吻合器在低位直肠癌患者中的多中心应用临床研究。

在将临床外科专家更贴近手术实际的创新想法落地，融入技术研发的过程中，逸思医疗已经启动了 10 项由外科医生作为第一署名人的专利申请，其中已获得 4 项专利。

开拓：从国内走向国际

逸思二字，源自南北朝《棋品序》中"汉魏名贤，高品间出；晋宋盛士，逸思争流"一句，体现出逸思医疗要成为"中国微创外科领域的行业领导者，国际市场有重要影响力的行业参与者"的愿景，更是道出了逸思医疗的雄心：不仅要独善其身，也要兼济天下。

聂红林认为，企业品牌建设的基础，是企业要主动承担社会责任，创造社会价值，所以逸思医疗不断主动对接国家的大政方针和相关政策。

首先，逸思医疗对社会责任的认知，体现在普惠大众上，聂红林说："我们要让肿瘤微创技术在国内快速推广开来，让更多的患者能够接受微创手术，而且在本地接受微创手术，尽量实现'大病不出县'。这样，患者除了支付手术、治疗成本之外，就不用再支付去外地治疗的差旅费用，能很大程度减轻患者家庭的经济负担。"

基于这样的初衷，逸思医疗在国内开展市场推广的重心正从产品营销向医学技术的推广普及转移。

2017 年 9 月 28 日，由国家卫生健康委员会直属媒体健康报社发起，由逸思医疗作为产业支持单位的肿瘤微创外科技术推广项目在北京启动：计划在 3 年时间内，在全国建设至少 20 个以重点三甲医院为代表的培训基地，纳入至少 100 家地 / 县域医院，简称"321"项目。通过系统化的培训和考核，推广微创外科技术，协助地 / 县域医院具备肿瘤微创外科手术能力。

项目将通过免费安装的远程一体化手术教学与演示系统，搭建起基地医院和地 / 县域医院之间的沟通"桥梁"，通过在线和在院模式相结合的系统培训和实际操作训练，在大幅降低培训时间、成本，大幅提高培训效率的基础上，在微创技术基础薄弱的基层医院，培养出大批高水平、同质化、规范化的骨干学科带头人，加快星星之火的燎原之势，为"强基层"工作贡献产业界的智慧和力量。

与此同时，逸思医疗积极拓展国际市场，以期在创业的第一个十年内，在打造更完整、更经济的高端微创外科产品解决方案的基础上，通过具有重要临床价值的创新技术和高品质产品，赢得更多医生和患者的信任；同时，借助国际版的"321"项目，将逸思医疗打造成为在国际高端医疗器械市场有重要影响力的行业参与者。

2017年7月，逸思医疗在新疆参与发起成立了"一带一路"胸外科微创技术发展专家联盟。2018年5月，世界胸外科领域顶级盛会之一的第26届欧洲胸外科医师学术年会（ESTS），在斯洛文尼亚首都卢布尔雅那举行。其间，由中国民营经济国际合作商会主办、逸思医疗承办的"'一带一路'中欧胸外科国际交流之夜"活动同步举行，ESTS的众多医学领袖参加了交流。

在开幕致辞时，同时担任中国民营经济国际合作商会主席团主席的聂红林介绍了筹备中的"一带一路"微创技术推广项目，引起与会中外嘉宾的高度关注。据介绍，该项目作为国家"一带一路"倡议的组成部分，主要目标是在"一带一路"沿线国家开展微创技术的推广普及，促进沿线各国医学技术的均衡发展，提升沿线国家人民的健康水平，其中一项重要任务就是，组建主要由中、欧微创外科领域杰出医生组成的"一带一路"国际微创外科专家联盟，在沿线国家设立国家微创技术培训中心，开展手术示范教学，组织中国或欧洲的高端医学中心接收沿线国家的进修医生等等。其间，还将适时组织中国优秀国产医疗器械企业成立优秀国产医疗器械企业联盟，借助"一带一路"微创技术推广项目所搭建的政府间合作平台、跨国医师行业协会合作与沟通平台，共同推进"一带一路"沿线国家在多学科领域的适宜技术推广工作。"一带一路"微创技术推广项目，推动微创技术在国际上推广普及的务实行动，将传播中国的医学技术成果及文化，促进国产医疗器械技术与品牌推广，促进优秀国产医疗器械加速进入国际市场。

目前，逸思医疗的腔镜吻合器、超声止血刀、全高清腔镜系统、荧光腔镜系统、外科手术器械等产品，都凭借其稳定的产品质量和具有重要临床价值的技术创新，得到业界认可，并已逐步向英国、法国、西班牙在内的全球 20 多个国家出口。

未来，逸思医疗将继续保持创新的热情，力争在国际高端学术领域建立创新领导者的形象，加速企业进入国际高端医疗器械市场的步伐，最终成为全球微创外科医疗器械产业里代表"中国制造"的最亮丽的一张名片。

昊海生物科技
Haohai Biological Technology

第三篇

昊海生物：以创新引领医美产业

秦　伟

早在 2008 年，他们生产的医用透明质酸钠产品就获得德国 TUV 莱茵公司认证，成为国内首个通过欧盟 CE 认证的眼科透明质酸钠产品，率先取得了进入海外市场的通行证；目前，他们已经发展成为国内规模最大的可吸收生物医用材料生产基地之一……

他们就是上海昊海生物科技股份有限公司（以下简称"昊海生物"）。作为国内知名的生物医药企业，昊海生物用 11 年的时间，从零起步，目前已成为拥有 6 个年销售额过亿品种、市值近百亿的香港主板上市公司，其产品在骨科关节腔黏弹补充剂、眼科黏弹剂、手术防粘连剂等领域牢牢占据国内市场份额第一，每年造福数百万患者。

谈起昊海生物的成功，昊海生物执行董事兼总经理吴剑英用四个字作出总结——天地人和。时代机遇（天）、环境资源（地）、团队力量（人）在恰当的时机融会贯通（和），并最终促成昊海生物创业十年的成就。吴剑英表示："一直以来，昊海生物坚持在自己熟悉的领域里发展，每一步棋都稳扎稳打，专注于对现有产品进行升级以及发展可促进垂直整合的增值产品。"

快狠准并购，让 1+1+1 大于 3

时光回溯到 12 年前。

2007 年，随着改革开放的逐步推进，我国企业又遇到新的机遇和挑战。这一年，位于上海市松江区的华源生科生物药厂虽顶着国企的光环，但在连年亏损之下，已经无法维系正常的生产运营。这家企业掌握的玻璃酸钠注射液、外用重组人表皮生长因子（rhEGF）两项核心技术，前者用于治疗骨关节炎，市场前景可观，后者是基因工程药物，可用于治疗各种难愈创面，曾获得 2002 年国家科技进步二等奖。令人惋惜的是这两项技术转化后，数年都没有打开销路，每年仅几万支的产量让企业入不敷出。处于 12 年行政保护期内的国际首创的国家一类新药 rhEGF，就这样默默躺在"深闺"中。

同年，另一家生物医药企业上海建华精细生物制品有限公司（以下简称"上海建华"）由于产品单一且在质监抽查时遭遇质量问题而陷入经营困难。原上海建华一名销售主管说，"1995 年改制之后，上海建华的问题并未得到改善，无论是科研人才还是管理人才都严重匮乏，资金跟不上，技术跟不上"。

一家国企，一家集体改制企业，都曾风光无限，但随着市场竞争的日益激烈，管理方式陈旧僵化、人员结构老化、思想观念落后情况日益突出，空有地皮和厂房，日子难以为继。

了解状况后，成立不久的昊海生物果断出手，先后收购了华源

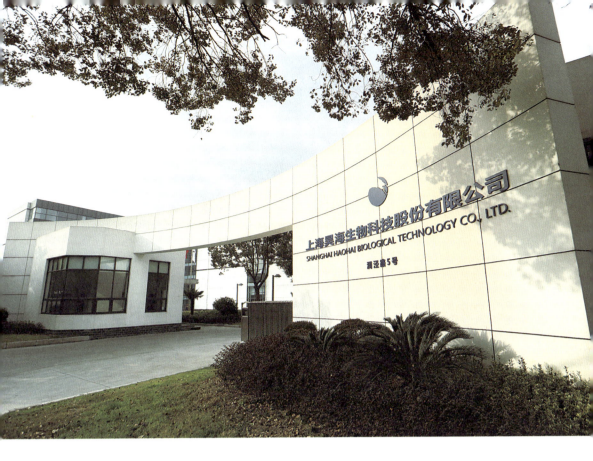

生科生物药厂和上海建华，同一年中，另一家同行业企业上海其胜生物制剂有限公司（以下简称"其胜生物"）在产权交易所通过公开拍卖方式出让其控股权。已完成两次并购的昊海生物凭借敏锐的商业嗅觉和果断的决策力，在与竞拍者经过40多轮竞价后，以超过起拍价格近80%的溢价，取得其胜生物的控股权。至此，三家原本是竞争对手的企业走进了一个家门，组成了今天昊海生物的雏形。

这种"弱弱联合"的组合方式，不被局外人看好，但吴剑英和昊海生物的管理团队却在其中找到了行业整合的机会。

吴剑英，毕业于第二军医大学临床医学专业，有着丰富的临床工作经验，后来下海从事医药产品销售，多年在医药行业摸爬滚打的经历让他具备了勇于创新、敢于挑战的企业家精神。

"公司应该是一种准风投概念。"吴剑英曾这样表达他对经营一家企业的理念。

"并购容易整合难"，完成收购后吴剑英便带领团队迅速着手进行整合，化"腐朽"为"神奇"更需要非凡的功力。

"先是稳定队伍。"吴剑英表示，"一方面稳定原有的核心技术人员，一方面招贤纳士为团队补充新鲜血液，再将原来各自为政的三支队伍进行整合和精编，组建昊海生物的主力部队。"

"同时，投入必要的资金改造升级原有的生产设施。"对于整合，吴剑英有条不紊，"重新规划和梳理产品线，重新布局营销网络和经销商体系……"

总结起来就是请来优秀管理人员委以重用，研发新产品，加强生产和销售，将销售收入投入生产设备改造和新产品研发，以高质量的产品提高企业盈利能力……整合的工作千头万绪，由三家企业组合在一起的昊海生物历经了这个充满波折、挑战甚至风险的阶段。

并购第二年，"企业开始赚钱了"，利润有了保障之后，就开始具备造血能力，再用滚存利润进行新一轮投入，如此循环往复，昊海生物的面貌逐渐焕然一新。

2009 年，受制于生产技术落后等因素，昊海生物每年制剂产量仅数万支，产能供应严重不足。"工欲善其事，必先利其器"，昊海生物同时引进了三条全世界最先进的全自动生产线，使得产品生产的标准化、可重复性等性能得到大幅提升。用昊海生物员工的话说，就是"桑塔纳换成了劳斯莱斯"，有了这辆"劳斯莱斯"，昊海生物的产能和质量一举跃升为业内领先水平。

在生产设施全面升级后，工厂每年制剂产能超过 1000 万支。吴剑英也颇为自豪地说："这也为昊海生物跻身行业领军队伍奠定了坚实的基础，'老'工厂真正出现了'新'变化。"

"企业管理的效率很重要"，吴剑英强调，"创业不仅要对市场、政策保持敏锐的嗅觉，对于昊海生物这样的企业，经销网络的建设也非常重要。"通过高效的管理，尽管昊海生物下属 3 个厂生产的是同一类产品，但是彼此之间非但没有形成恶性竞争或内耗场面，反而实现了差异化的品牌定位和市场协同。3 个工厂的销售和行政管理中心统一到公司总部，减少重复建设，最大限度降本增效。昊海生物开始让一个个高科技产品焕发出蓬勃的生机，自己也迈向了良性发展的快车道。至 2017 年，公司全部员工 1107 人，却创造了净利润 3.7 亿元、上缴税收 1 亿多元的良好业绩。

靠高科技创业起家，把目光瞄向产业并购整合，昊海生物的成长之路确实与传统意义上的科技型中小企业不太一样。"昊海生物是上海生物医药界产业并购模式创新的一根标杆。"与昊海生物打了多年交道的上海市科学技术委员会生物医药处相关人员评价道。

"企业之间，不怕弱弱联合。"吴剑英说，"'弱弱联合'往往蕴藏着经过整合做大做强的机会；敢于买企业，甚至濒临破产企业，需要看得准，有勇气去做价值发现者。"生物医药领域本就注重创新，原有各企业具有良好的技术基础、市场机会，若能转变旧的管理运营模式就能够有效释放生产力，而这正是昊海可以放手一搏的关键。

成功上市，技术引领开拓市场

"咣——"，随着香港联交所里敲响的锣声，2015 年 4 月 30 日，经并购、整合、高速发展后，昊海生物在成立的第九个年头实现了在香港联交所主板的成功上市。

对于企业上市，吴剑英也有着自己的理解："上市不应该是一个目标，应该只是一个阶段。企业发展如果完全靠自己的利润慢慢积累，进程会很慢，可能会因为资金不足而错失投资发展的机遇。上市不仅能帮助企业快速融资，而且将自身纳入上市公司透明规范的管理体系内，对公司的管理也有很大推进作用。"

作为一家新上市的企业，昊海生物对自己的"买买买"也是十分坚定。

上市后，昊海生物先后完成对河南宇宙人工晶状体研制有限公司（以下简称"河南宇宙"）、珠海艾格医疗科技开发有限公司（以下简称"珠海艾格"）及美国 AAREN Scientific Inc.100％的股权收购。

就在大家以为其眼科资产收购会告一段落时，2016 年 11 月，昊海生物又投资 3.6 亿元人民币取得深圳新产业生物医学工程股份有限公司 60％的股权。

按当时的协议，深圳新产业向昊海生物承诺，2016 年实际利润不低于 5500 万元，2017 年实际利润不低于 7500 万元，2018 年实际利润不低于 8000 万元。其实，对赌协议实现并不难，毕竟其 2015 年净利润为 4066.6 万元，2017 年，实际销售收入超过 13.4 亿元，净利润超过 3.7 亿元。

从理论上讲，昊海生物 3.6 亿元拿下一个收益已经上亿的资产并不亏。

2017 年 4 月，昊海生物斥资 2450 万英镑收购了从事制造隐形眼镜及人工晶状体材料的英国康达美（Contamac）70％的股权。

根据公告，康达美为一家于英国注册成立的有限公司，主要产品包括硅胶水凝胶材料、透气材料、亲水透镜材料以及疏水和亲水的眼内透镜材料，为全球范围内隐形眼镜、人工晶状体材料及技术的主要供应商，其中人工晶状体是眼科白内障手术的核心耗材。

吴剑英也表示，此次收购事项完成将有助于昊海生物确保长期拥有稳定的上游人工晶状体材料供应商，并加强新的人工晶状体产品的研发。昊海生物也将尝试整合公司现有产品及并购的眼科公司各自的产品、技术、渠道等资源，共同开发人工晶状体材料的巨大市场潜力。

吴剑英坦言，在进行人工晶状体产业并购时，昊海生物借鉴了此前在眼科粘弹剂（OVD）国产替代进口过程中所积累的经验，即通过境外投资实现快速技术引进、并购重组提高产业集中度、整合培育先进制造力等方式，促进人工晶状体产品生产技术的国内产业化，最终实现进口产品替代。

国产人工晶状体企业整体面临市场需求巨大但自身产品技术和质量落后、产业化生产能力匮乏等尴尬局面，2018 年获国家CFDA 批准的进口人工晶状体企业约 40 家，而国产人工晶状体生产商主要是以河南宇宙、珠海艾格等为代表的 6 家企业，现今可生产销售的仅有 4 家。不仅如此，国产人工晶状体在技术上落后于进口产品一代以上，该产业在具备巨大的市场前景的同时也面临着巨大的整合机遇和提升空间。

"通过上述多起收购和趋于完整的产业链布局，昊海生物在人工晶状体领域已拥有六大品牌，涵盖了从低端 PMMA 硬片系列到高端折叠晶体的全系列产品。按销售数量计算，2017 年昊海生物产品占中国人工晶状体市场的份额达 30% 左右。"吴剑英说。

昊海生物通过收购整合国内外具有成熟产品、高端技术及市场资源的目标企业，全面进军眼科高值耗材领域，眼科全产业链布局初具雏形。的确，多次战略收购让昊海生物在国内眼科领域实力明显增强。据国家药品监督管理局南方医药经济研究所的研究报告，该眼科粘弹剂在 2017 年国内的市场份额占 45.9%，连续数年稳居中国市场份额第一的地位。

吴剑英曾带领昊海生物建设完成四个符合新版 GMP（生产质量管理规范）标准的国际化生产基地，建立了实力雄厚的专业化企业经营管理团队，建设了超过 1200 家覆盖全国所有省区市约 7000 家医院的经销商网络，在全国逐渐建立起实力雄厚的代理团队及营销体系。

昊海生物十分重视产学研平台的建设，2011 年由昊海生物牵头形成产学研合作创新联盟、2012 年成立上海市医用可吸收生物材料创新转化促进中心，2013 年被批准成为上海市企业技术中心，2014 年被批准成为上海医用可吸收生物材料工程技术研究中心。"三中心一联盟"研发转化平台以及博士后科研工作站的建成，形成了围绕优化医用可吸收生物材料技术创新链，实现企业、医院、大学和科研机构在战略层面的有效结合，提升了医用可吸收生物材料产业整体水平。

2018 年，在国家发展改革委、科技部等五部委联合发布的 2017—2018 年（第 24 批）新认定的国家企业技术中心名单中，上海昊海生物科技股份有限公司榜上有名。

技术过硬，让昊海生物曾多次承担国家级和上海市产业化项目。吴剑英带领 200 多人的研发技术队伍创新性地开发拥有自主知识产权的温敏性医用几丁糖，让昊海生物先后荣获国家科学技术进步二等奖 2 项，上海技术发明一等奖 1 项，专利发明奖 1 项，上海

昊海生物生产车间

市高新技术成果转化项目 7 项。

科技部公布 2017 年国家重点研发计划重点专项 40 个，其中，"生物医用材料研发与组织器官修复替代"重点专项共计立项 18 项，来自上海的申报项目仅有 2 项，昊海生物牵头的"新型人工晶状体及高端眼科植入材料的研发"项目就是其中之一。

吴剑英表示，"新型人工晶状体及高端眼科植入材料的研发"项目能够从近千个项目中脱颖而出、成功立项并正式启动，既表明国家对昊海生物所牵头的项目团队创新能力和产业化能力的认可，也进一步坚定了公司以人工晶状体领域为突破口，重建和提高国产人工晶状体质量水平和市场竞争力，打破人工晶状体材料及产品长期依赖进口的信心和决心。

以优良的性价比和生产质量来开拓市场，以完善的技术服务和良好的公司信誉来维持和发展市场，吴剑英的每一步都稳扎稳打。

细分市场稳居第一，昊海生物的业绩也是逐期拔高。2017 年，该公司实现营业收入约 13.45 亿元，较 2016 年增加 4.94 亿元，同比增长 58.0%。

走进美丽，深耕医美市场

收入水平、生活水平的提高释放了国人追求美的欲望，医美服务安全性与便捷性的提高又降低了尝试门槛。多方面因素的叠加驱动着医美从奢侈型消费转向大众型消费。

但在美丽产业链上，中国企业的主要利润仍集中于器械耗材等上游环节，由于市场监管不足及质量、技术存在差距，终端服务市场呈现小、散、乱格局。

"新兴行业主意多、办法多，但不规范。通过低价格提高客户黏合度是很难的，客户选择复杂多样，高端品牌的树立不可能靠价格战。"吴剑英认为，低价竞争不可取，没有利润的行业是不可能兴旺的。

在吴剑英看来，从监管角度说，要避免产生真空地带；从消费者角度讲，由于自费意愿强烈，行业一旦管理不到位，会对行业产生重大损伤和打击。

"产业发展的过程是从理念到产品，到产业，到标准，目前我国医美产业的发展还处于非常初级的产品阶段。我们希望昊海生物能够成为中国医美产业的种子，引领中国医美产业的发展。"吴剑英的愿景很远大。

吴剑英强调，医美最终一定要回归医疗本质，希望所有的医疗机构、医美机构以坚持产品线建设为原则，通过产品和差异化服务突围。

"与已经较为成熟的眼科、骨科相比，医美的确是个年轻的产业。在这样一个还处于发展初期的市场上，行业携手就更为重要。"吴剑英表示。

资料显示，近年来昊海生物先后完成了 5 笔围绕眼科高值耗材人工晶状体领域的境内外并购，实现了从上游原材料到产品生产再到渠道、销售环节的全布局，人工晶状体产品全产业链的全球化布局雏形初现。

吴剑英进一步指出，医美产业今后可以借鉴甚至复制昊海生物在人工晶状体领域布局的经验，上游和下游最好要互动。目前为止，全球医美领域没有上游和下游联合发展的成功案例。

"投一个领域就投透，投成一个不可动摇的基础，这是昊海生物的模式。"吴剑英表示，未来昊海生物也将按照这样的发展思路。深度开发具备较大的机会，可以通过垂直发展和并购模式，在一个子板块做透做深；也可以通过横向发展和并购，增加产品线。

"目前全球还没有一家在医美领域的全产业链集团公司，但是这样的企业在未来完全有潜力有条件能够在中国市场诞生。"吴剑英表示上下游的整合能够形成优势互补，中国医美市场未来一定也会诞生一个全产业链集团公司，这将有助于推动企业的技术创新，强有力支撑国产品牌的欣欣向荣。

"我认为，对于一个负责任的企业来说，除了提供产品之外，最根本的是提供服务。只有很好的售前、售中、售后的服务，才能让产品更好地服务于社会。"吴剑英说，"昊海生物对于医生教育非常重视，我们和中华医学会、中华医师协会、中国整形美容协会等多个行业协会紧密联系，为医生培训提供支持。这是我作为一个外科医生来讲，非常关注也愿意投入的一个领域，只有培训好医生，才能更好地服务于客户、带来更美的中国。"

"我们希望为整个医美界带来一种理念，也就是光有产品是不够的，光有注射技术是不能发展的，光有所谓的医院，是做不大的。我们需要成为标准的制定者、维护者，而不能是跟随者。"吴剑英和昊海生物的目标不仅仅是争做细分领域的龙头，还要引领行业的发展。

第四篇

上化院：创新不停步　敢啃硬骨头

王志琴

　　2018 年 3 月 28 日，备受业界瞩目的全国高性能聚乙烯材料产业技术创新发展论坛在上海召开。大会以"共谋材料行业新发展，打造超高产业新高度"为主题，就高性能聚乙烯材料产业创新技术与应用在会上进行了深入研讨与交流。

　　作为大会主办单位之一，上海化工研究院有限公司（以下简称"上化院"）执行董事、总经理李良君在大会上指出，上化院作为"全国超高分子量聚乙烯材料产业技术创新战略联盟"理事长单位，一直致力于超高分子量聚乙烯技术和产业的发展，在超高分子量聚乙烯催化、聚合、加工、改性技术及行业标准制定、产学研用等各方面发挥了不可或缺的作用。

　　从以传统的化学肥料研究为主，到逐渐向生物化工、医药及高分子有机新材料等高新技术研究领域扩展，并发展成为国内外知名的聚烯烃催化剂和材料的研发中心以及国内最大的产业基地，在这场华丽的蜕变中，上化院谋求改变、探索创新的脚步从未停止过。

迎难而上　打破垄断

1956 年，上海化工研究院成立，直属化工部，当时的科研方向以化学肥料研究为主。在化工专家侯德榜的具体指导下，1958 年 5 月上化院建成了我国第一个以合成氨法制碳酸氢铵流程，年产 8000 吨碳酸氢铵的县级氮肥示范厂，为我国小氮肥工业的发展提供了样板。2017 年 5 月，由上化院承担主导制定的《脲醛缓释肥料》国际标准正式实施，这项标准填补了国际上没有脲醛缓释肥料标准的空白。这是继 2016 年 8 月由上化院主导制定的《控释肥料》国际标准正式颁布实施后，又一项由其主导制定的国际标准。

一流的企业做标准，二流的企业做品牌，三流的企业做产品。上化院主导制定国际标准，足见它在化学肥料领域的行业地位。

然而，对于上化院几代科研人员来说，领跑化学肥料领域的骄人成绩并没有让他们停下研发的脚步，而是向更多高难度领域发起挑战。在 20 世纪 80 年代后，他们开始将目光聚焦在聚烯烃催化技术及系列产品的聚烯烃新材料开发上。

聚烯烃是石化行业重要的合成材料，它的发展水平对整个石化行业的发展具有重要影响。聚烯烃作为合成树脂中产量最大、用途最广的高分子材料，在石油化工、航空航天、先进制造技术、国防尖端技术等各个领域已成为不可缺少的重要基础材料。《国家中长期科学和技术发展规划纲要（2006—2020 年）》更是指出它是国民生活和现代国防不可或缺的基础原材料。

随着 3D 打印等新型加工技术在聚烯烃加工中的开发应用，以及聚烯烃在新材料、汽车轻量化、绿色建材、医疗器械、食品级包

上海化工研究院大门

装、电子电器小型化等方面的应用日益广泛，我国聚烯烃产品消费量将逐年提升。"十三五"期间，中国聚烯烃的需求将主要由内需拉动。

在聚烯烃工业发展过程中，催化剂是生成聚烯烃的核心，聚烯烃树脂性能的改进与聚烯烃催化剂的开发有着密切的关系。催化剂技术的发展能够有效推动下游聚烯烃产业的发展，一种新型催化材料或新型催化工艺的问世，往往会引发革命性的工业变革，并产生巨大的社会和经济效益。

20世纪50年代末，Ziegler-Natta（齐格勒—纳塔）催化剂开创了合成材料工业。20世纪80年代，茂金属催化剂使得聚烯烃工业出现新的发展机遇，世界各大生产厂家相继将这一技术用于不同品种聚烯烃生产并实现了商业化应用。然而，这些技术却被少数国外大企业垄断着，导致我国聚烯烃高端产品在很长一段时间内严重依赖进口。

受制于人，就有可能挨打。

20 世纪 80 年代末 90 年代初，苏美对峙的冷战格局走向终结，西方世界对社会主义国家的"和平演变"战略在苏联和东欧得手后，矛头指向中国。以美国为首的西方国家以"人权问题"为借口向我国实施经济制裁，其中一项就是停止提供聚烯烃催化剂产品和技术，这使得我国当时的聚烯烃生产企业几乎全面停工，从而遭受了重大的经济损失。这次事件后，越来越多人意识到核心技术受制于人是一个极大的隐患，实现国产化替代势在必行。

为了填补国内聚烯烃催化技术的空白，早在 20 世纪 80 年代，上海化工研究院就开始了关键催化技术及系列产品的聚烯烃新材料开发。由于我国聚烯烃产业总体起步较晚，研究基础薄弱，产业技术及装备大多来自国外，或引进消化吸收再创新，与欧美日等发达国家相比存在较大差距，特别是基础理论、生产工艺和产品加工应用领域的基础薄弱，研发人员在研发过程中面临着极大的困难。

凭借着不向困难低头的精神，科研人员攻克了一道又一道的难关，成功研制出多系列 40 多个牌号的聚乙烯催化剂。从第一代聚乙烯催化剂的技术研发，到如今第五代聚乙烯催化剂的研发，一路走来，身为总经理的李良君感慨良多。

其中，1999 年这一年对于上海化工研究院有着别样的意义。那一年，上海化工研究院由延续了 43 年的科研事业单位转制为科技型企业，也就是如今的上海化工研究院有限公司。那一年，上化院与中石化集团合资成立了聚乙烯催化剂生产基地。通过这样一种模式，"我们在院里研究开发技术，在产业公司实现产业发展，这样我们科技成果就能很快实现转移转化。"李良君说。

得益于这种模式的运用，由上化院的科研人员研制出的聚乙烯催化剂产品被广泛应用在石化行业，不仅打破了国外公司长期垄断我国聚乙烯催化剂市场的局面，也使得国外公司逐步退出了国内聚乙烯催化剂市场。

生产高附加值牌号产品的专用型催化剂不仅满足了市场的需求，更重要的是在这个过程中，上化院希望可以通过自身的努力，为改变我国催化剂研发的被动局面，实现由"跟跑向并跑和领跑"的转变作出自己的贡献。"我们致力于在聚烯烃催化剂领域解决'卡脖子'的技术瓶颈，提升我国石化企业聚烯烃产品的国际竞争力。"李良君如是说。

近年来，上化院先后承担并完成了近百项科研项目，自主研发的催化剂产品主要技术指标和催化性能均达到或超过美国 UCC、DOW、英国 BP 等公司的同类催化剂，达国际先进水平。其研制的催化剂已经在金山石化、茂名石化、扬子石化、赛科等国内大型石化企业聚乙烯生产装置上广泛使用。

伴随着国产聚乙烯催化剂的应用，行业下游企业的生产成本也得到了控制，为石化企业降低 10 亿元以上的生产成本。这一点让李良君颇为自豪："国产催化剂不光是替代了国外的产品，同时还降低了产品的成本，使得我们相关的企业成本都降下来了。"

习近平总书记说："核心技术是买不来的。"因为聚烯烃催化剂核心技术被牢牢掌握在自己手中，这使得上化院以及下游企业在市场竞争中有了足够的底气。"核心技术已经被我国牢牢掌握，我们把高端的产品攻克下来替代了进口，甚至我们反过来参与国际市场的竞争。"

除了满足国内市场的需求外，由上化院研发的催化剂产品每年还销往马来西亚、利比亚、印尼、捷克、中国台湾等国家和地区，在国际市场竞争中与国外其他品牌的产品一决高下。

一代代聚乙烯催化剂研发的成功，成就了上化院烯烃聚合反应工程技术方面"国内第一，国际知名"的领先地位。如今，上化院不仅是国内石化行业最具创新性、技术水准最高的聚乙烯催化剂核心技术的研发机构，也是国内外知名的聚烯烃催化剂和材料的研发中心和国内最大的产业基地。

成绩面前，上化院的每一位员工并没有骄傲，而是再接再厉。

聚烯烃产业从自身到下游应用是一个系统工程，涉及聚合物合成、塑料加工等单元以及家电、电子、汽车等多个应用领域。国外从事聚烯烃生产的大型企业，都在聚烯烃产业链下游开展了全面的研究工作，做到"拥抱终端市场"。对此，李良君表示，我们聚烯

中试研究场地

烃产业科技人员和管理人员，必须下大力气在聚烯烃新产品开发和应用开发上多做文章，力求在技术创新上有所突破。"除了聚烯烃催化技术外，上化院还参与了聚烯烃产业链中的各个环节，比如原料净化、聚合成套工艺、树脂加工改性等。"

如今，上化院不仅研发出烯烃净化剂技术并已经实现产业化，这项技术在国内外大型聚烯烃生产装置上获得应用。同时参与了我国自主知识产权大型气相聚乙烯工艺装置的研制和推广应用。在特种聚烯烃树脂生产方面，上化院拥有超高分子量聚乙烯生产的成套工艺技术，在上海金山和河南濮阳拥有生产企业，产能达到国内前列。此外，在超高分子量聚乙烯的加工改性方面，上化院也拥有相当的技术优势，在超高分子量聚乙烯纤维、挤出级超高分子量聚乙烯管材、注塑级超高分子量聚乙烯、超高分子量聚乙烯锂电池隔膜等领域达到国内领先水平。

模式创新　激发活力

创新是一个民族发展的不竭动力，核心技术是一个企业生存发展的源动力。只有掌握了核心技术，企业才能在市场竞争中立于不败之地。然而，如何将技术"变现"，转化为实实在在的产品，这个问题难倒了很多科研院所和企业。

一般来说，在科技成果转化中，技术入股是一种通用方式。理想很美好，然而技术入股前的知识产权评估却不尽如人意。上化院也曾被这个问题困惑过。李良君说，技术转化的不确定因素有很多，对于合作的双方来说，评估高了，企业不买账，评估低了，科研院所就要承担国有资产流失的风险，因此有些专家即使想转化科研成果，待到"临门一脚"时还是有可能放弃。

那么有没有可能用一种新的方式来解决这个问题呢？通过不断探索和实践，上化院在这个问题上交出了一份让人满意的答卷。

2000 年，为了解决国内缺少聚乙烯催化剂的问题，上化院与中石化集团决定共同出资成立立得公司。公司成立前，如何给技术成果作价成了困扰双方的问题，这个问题解决不好，不仅会影响合作双发的利益，更是会让科研成果转化的脚步慢了下来。摆在眼前的问题该怎么解决？

功夫不负有心人，办法总比困难多。

最终，合作双方尝试着走一条新路——"技术＋资本＋持续开发"模式。在这种模式下，技术成果并不作价入股，而是按照销售产品的产值，提取一定比例的技术使用费。最终这笔可观的技术使用费返回给双方共同成立的联合研究所，作为开展进一步技术开发的经费，并使科技人员得到相应的成果回报。

在这一模式下，双赢的局面出现了。立得公司得到上化院的技术支持后，一举成为国内领先的聚乙烯催化剂生产企业，产品替代了美国 DOW 公司、英国 BP 公司同类产品，不仅应用于中石化、中石油、神华集团、延长石化等 30 多家大型石化企业，还出口到国外。从此，技术研发人员也不必再为知识产权评估操心。

事实上，经过近 20 年的运作，这种方式也显出了强大的生命力和优势。立得公司成为国内最大的聚乙烃催化剂生产企业，仅国内市场占有率就达到 40%，并有 40% 的产量用于出口。上化院也获得了相应的回报，除了每年获得立得公司的分红之外，还能获得技术使用许可费。同时，双方建立的联合研究所，也保证了产品的持续开发，从而不断提升催化剂的技术水平。

除了将核心利益捆绑在销售收入上，上化院还通过制定"三级孵化"战略，使新研发的技术一经推出就能得到市场的认可。

在我国，研发人员常常面临着这样一个困惑，明明是实验室中成功的技术，却难以在市场竞争中胜出。对此，李良君表示，实验研究只要能够打通技术路线，而对于产品的稳定性、一致性、可重复性、可放大性、经济可行性，考虑得并不多。但这些问题恰恰是产业化最看重的。

想通了问题的关键所在，上化院针对性地制定了"三级孵化"战略，即企业技术中心原创孵化、中试工程应用技术孵化、产业化孵化。李良君介绍，通过企业技术中心原创孵化，获得具有产业化和市场化前景的技术和成果。然后再通过第二级孵化——中试工程应用技术孵化，得到性能优越、指标稳定的产品。在这个阶段，因为得到的产品并非可以投入市场的商品，因此需要进一步产业化孵

上化院产品图

化，利用在金山、嘉定以及市外产业孵化基地，进行小规模量产，也就是第三级孵化。通过这个过程，"我们通过成立全资子公司或独立运作的事业部来实现产业化孵化进行充分试错，在这个过程中的所有风险都由全资子公司或事业部来承担"，从而避免了给生产企业带来的风险。"一旦迎来市场爆发，我们就迅速联合产业集团以及产业资本进行产业放大，实现技术从实验室成果到商品推广的真正的成果转化。而此时正是产业资本和风险资金最愿意介入的阶段。"

在这样的策略下，技术在投入市场前，就先进行产业化预演，从而判断出技术是否真正贴合市场需求。在某种意义上，他们成为企业做成果转化的"自家人"。比如，当企业拿到从"三级孵化"中走出来的超高分子量聚乙烯材料技术，很快就能投产使用。

不仅如此，在多年的科研实践中，上化院对于技术创新有着清晰的认识。李良君说："单靠一两项产学研合作或技术创新，很难带动一个新产业的发展。最有效的办法就是发展集群式新型产学研用创新联盟，实现'抱团创新'，更好地推动产业升级。"

在组建创新联盟的过程中，"科研院所在创新体系中具有承上启下的作用，无论是与高校对接，还是与企业对接都更为顺畅。比高校更接近市场，比企业更了解专业技术，科研院所在牵头和组织产业联盟中具有天然的优势。"凭借着科研院所的优势，上化院不断贡献着自己的力量。

目前上化院牵头并参加了国家和上海市的 6 个产业技术创新联盟。在由上化院牵头组建的全国超高新材料产业技术创新联盟里，有 200 家产业链企业加入，其中上市企业 6 家，产业规模 80 亿元。通过联盟的建设，促使超高材料产业的上下游联动，加快了创新成果的产业化应用，促进了技术对不同领域需求的针对性改进。

善用人才　开放融合

人才是实施创新驱动发展战略的第一资源，这一点对科研院所的人来说感受尤其深刻。

如何留住人才，保障每一位员工的切身利益，上化院也在不断探索着。这一点，我们从上化院关于利益分配的小细节上或许可以找到答案。

在上化院，一项项科研成果正在不断转化成企业实实在在的产品。作为管理者，李良君深知科技成果转化并不是一件容易的事，明确科研人员每一步转化时可获得的收益，整个团队的干劲就会高涨，科研院所成果转化的能力也会高涨。李良君说："我们的科研团队，非常重视科技创新的引领，也非常重视科技创新的投入。有的团队因为做出一个产品，这个产品有市场、有利润，团队分的奖金就能让科研人员的小日子过得很好。反过来，这也会促进他们不断持续开发。所以我们才能在催化剂方面不断突破，从第一代到第四代，甚至研发到第五代，非常有创新活力。"这一番朴实的话，让我们看到了上化院在调动员工积极性、保障员工利益方面所做的努力。

为了更好地激励人才，上化院根据自身成果转化过程的特点，设立了全过程的人才激励政策，使研究人员在科研项目开发、科技成果转化、产业化应用的全过程中的贡献与回报相挂钩。其中单是产业化阶段的激励政策就包括技术使用费提奖、产业化激励基金、技术转让激励、技术入股分红激励等。

灵活的激励政策不仅使企业现有的员工受益，同时也吸引了外部的人才。李良君介绍："近年来，许多国内外知名高校的毕业生来我院就业，许多有工作经验的技术骨干慕名来院工作，我认为能吸引到这些优秀的人才，在于我们有良好的环境、做事的舞台、有效的机制和行业的声誉。"

除了物质上切实的保障之外，上化院还通过"引进来""走出去"等对外合作方式，营造了良好的科研环境。"比如我们长期聘请美国聚烯烃产品表征技术研究开发的专家主持和指导我院的聚乙烯催化剂表征研究工作，他的学术与技术成果为研究所的研究开发工作提供了良好的借鉴。"

在把人才引进来的同时，上化院还积极地让科研人员"走出去"。从 2001 年开始，上化院与世界上最大的专业催化剂公司之一美国格雷斯－戴维森公司开始合作。在合作中，双方建立了定期互访机制，不仅每年对方会派专家到上海来交流，上化院也会派出人员赴美学习交流。

通过"引进来"和"走出去"的方式，科研人员拥有了更加广阔的国际视野，也实现了技术上的进一步提升，在国际竞争中拥有了更多的自信和底气。

志怀天下，道路长且艰，因为胸怀助力国家产业升级转型的使命，上化院在技术创新服务的道路上不停探索着；敢为人先，脚步快而实，因为不忘让更多科研技术发挥价值的初心，上化院在链接技术与产业的实践中继续前行着。

KiNGFA

第五篇
上海金发：新产业新业态

秦　伟

　　小到冰箱、微波炉这类家家户户必不可少的电器设备，大到汽车、高铁这些奔跑在城市间的交通工具——改性塑料都是其中不可取代的一个重要部分。

　　或许对于普通人来说，改性塑料仅是一个代表着高精尖的专有名词，而在上海金发科技发展有限公司（以下简称"上海金发"）总经理黄河生的眼中，改性塑料是他毕生的事业追求，上海金发则专注于改性塑料细分领域。

　　经过 17 年的发展，上海金发已成为改性塑料的龙头企业，打破了国内高性能改性塑料长期依赖进口、国外巨头垄断市场和产品价格的局面，降低了以改性塑料为材料的下游企业的制造成本，提高了下游企业的竞争力，促进了民族产业的发展和国际化步伐。

　　"没有创新就没有民营企业，制度创新与技术创新是上海金发最大的创新。"黄河生对上海金发的跨越发展作出这样的总结。历经 17 年的发展，在"以塑代钢、以塑代木"的行业趋势下，上海金发乘势而动，依靠创新，攻克一个又一个难关，着力打造改性塑料行业的全球科技创新中心。

只专注改性塑料产业一件事

"上海金发是广州金发科技股份有限公司（以下简称"金发科技"）第一个也是最大的子公司，于 2001 年落户青浦区朱家角镇。"回顾创业历程，黄河生为我们娓娓道来，"所以谈及上海金发必然与金发科技联系在一起，我本人也是从广州（金发科技）到上海（上海金发）的。"

金发科技是专业从事改性塑料新材料研发、制造、销售和服务的高新技术企业，是中国第一家改性塑料上市企业，也是亚洲最大的改性塑料生产企业。

什么是改性塑料？黄河生解释，在通用塑料和工程塑料的基础上，通过物理、化学、机械等方式，经过填充、共混、增强等加工方法，改善塑料的性能或增加功能，使塑料的阻燃性、强度、抗冲击性、韧性等机械性能得到改善和提高，使得塑料能适用在特殊的电、磁、光、热等环境条件下。

我国改性塑料发展始于 20 世纪 90 年代，伴随"以塑代钢""以塑代木"的不断推进和国内经济的快速发展，改性设备及技术不断成熟，整个改性塑料工业体系亦不断完善。

1993 年，几个毕业于北京理工大学的学子，怀着炙热的梦想，带着他们手中仅有的资本——知识和技术，来到位于中国改革开放最前沿的广州，创立了金发科技。"那时改性塑料并不像今天这样受推崇，新材料产业也不是现在的'战略性新兴产业'。"黄河生表示，"金发科技是做材料的，但与其他材料不一样，我们做的是新材料，金发科技成立之初就定位在这上面，多年来只专注改性塑料产业这一件事。"

2000 年，走出大学校门的黄河生进入了金发科技广州总公司，成为市场部一名"菜鸟"业务员。"奋斗，一直往前冲！"——本着这样的人生宗旨，在短短一年间，黄河生成长为公司的骨干力量，并于 2001 年被派往上海开展华东地区的业务，同时参与负责上海金发科技发展有限公司的筹建工作。

"先头部队只有 3 个人，当时租住在定西路一间老公房里。"回想当初那段开疆辟土的创业经历，黄河生坦言，"苦，真的是苦！没有休息日，没有节假日，以客户为上帝，每天都是和客户在一起解决合作中遇到的困难，曾经连续半年时间晚上一点以后睡觉天未

生命之泉涌流不息

亮就起床工作。"

万事开头难。2001 年 10 月 11 日，上海金发成立于上海市青浦区朱家角工业园区，注册资金 3000 万元，2007 年获增资 2 亿元，注册资金变更为 3.7 亿元。

黄河生表示："依托金发科技，上海金发主营业务为高性能改性塑料的研发、生产和销售。"2017 年，上海金发实现营业收入 33.9 亿元，与多家世界 500 强像德国西门子、大众汽车，日本丰田、夏普，韩国三星，法国施耐德，美国苹果、通用汽车、中国联想、苏泊尔等一大批著名的家电、汽车、电子电器优秀企业构建了塑料改性与应用产业价值链。

世界 500 强朋友圈的修炼

凭借过硬的实力，上海金发打进了包括德国西门子、大众汽车，日本丰田、夏普，韩国三星，法国施耐德，美国苹果等一批世界 500 强企业的"朋友圈"。目前，上海金发的世界 500 强"朋友圈"成员达到了 30 家左右。

业内人士都知道，国际知名企业尤其是世界 500 强企业，对合作企业的要求非常严格，甚至可以用苛刻来形容。那么，上海金发为何能获得这么多 500 强"朋友"？

正如黄河生所说："上海金发之所以能加入世界 500 强企业的'朋友圈'，实力来自过硬的产品，来自企业对科技创新的精准把控。"

"上海金发从事新材料的创新与产业化应用，最重要的是技术创新。"黄河生如是说，建立高效的科研开发网络，组建并发挥团队的自主创新能力，是上海金发构建企业核心能力的重要保障。

为此，上海金发组建了以上海市认定企业技术中心为核心，包括上海市工程塑料功能化工程技术研究中心、企业博士后科研工作站、院士专家工作站和国家认可实验室的自主创新平台。

"21 世纪最核心的竞争力是什么？毫无疑问是'人才'。"对于上海金发这样一家高新技术企业而言，人才，尤其是中青年人才，无疑就显得格外重要。黄河生对此表示："上海金发注重高层次、复合型、创新型人才团队建设，采用引进和培养相结合的方式构建以中青年专家为主的人才梯队，形成一支学术水平高、创新能力强、结构合理的研发团队。"

超前的创新意识、良性的激励机制，使上海金发在创新的舞台上长袖善舞。它成功扮演着创新主体的角色，它一举改变了我国高性能改性塑料依赖进口的局面，并实现了我国改性塑料产业做大做强的梦想。目前已形成 8 大系列 100 多种 4000 多个牌号的自主知识产权产品。其中，以汽车用耐划伤高韧聚丙烯、易成型多功能改性聚丙烯、高流动填充增韧改性聚丙烯、高耐热无卤阻燃 PC/ABS、超高流动阻燃 ABS 改性树脂等为代表的一系列高新技术产品，技术达到国际先进水平。

有了好的产品并不意味着万事大吉，赢得客户的信任，对于一个企业而言，都是十分重要的。上海金发赢得客户的信任，尤其是赢得国际"巨无霸"公司的信任靠的是什么？黄河生说："首先是质量。跨国公司为了降低成本、实现利润最大化而进行全球采购，在国内寻找供应商质量和价格是决定因素。"他表示："当对方刚找到我们时，是我们求对方多一些，而后来更是一个协作共赢的过程。"在与上海金发做生意的国际客户中，索尼等一批国际公司向来以质量要求苛刻而著称，而长期稳定合作关系的达成，本身就是对上海金发的质量和信誉最大的认同。

良好的客户合作意识，为上海金发赢得了稳固的客户资源。当客户认为某个技术项目有困难而感到束手无策时，上海金发的技术人员总会以迅捷的反应速度，出乎对方意料地完成一整套解决方案，摆放在客户的办公桌上。这种极强的与客户共同研发的能力，往往使客户对其产生持久的依赖。

黄河生说："视质量和服务为企业的生命，这一点贯穿着上海金发发展的每一步。"

上海金发导入现代企业管理理念，大力推行管理"规范化、标准化、国际化"，目前已通过 ISO 9001：2008 质量管理体系、ISO/TS 16949：2009 汽车行业质量管理体系、ISO 14001：2004 环境管理体系、OHSAS18001：2007 职业健康安全管理体系、ISO17025：2005 国家实验室管理体系等多项认证，产品获得 UL、CQC、VDE、JET、NSF、ROHS 等国际认证，使公司产品质量保证体系达到国际化标准。

上海金发率先在行业内引进了集中供配料系统、小料自动配料系统，解决了工程塑料行业生产过程中人工投放料引起的产品质量不稳定、粉尘污染等问题。同时，大力引进机械手、全自动包装机、自动封包系统等大型智能化装备，为公司的研发成果转化提供了智能化生产保障。

上海金发先后从德国、美国引进了蠕变试验仪、疲劳试验仪、数字化落锤冲击试验仪、电子万能试验机、电子显示冲击试验仪、热失重分析仪、分光测色仪、原子吸收光谱仪、高低温交变湿热循环箱、高低温冲击试验箱、爆破试验仪等一批先进的专业科研

设备。公司实验室于 2017 年通过了 ISO 17025 国家实验室认证（CNAS 认证），为产品质量的稳步提升提供了更可靠的保障。

柔性化的生产经营管理模式，为上海金发建立起上下游企业战略伙伴的共赢价值链。面对终端市场的多元需求，黄河生说："我们的国际竞争对手制造能力非常强，但'船大难掉头'，他们的产品品种少、制造柔性不够，这一点恰恰又是我们的优势，我们实现了从大批量、少品种到多品种、小批量的转化，不仅满足了千差万别的客户需求，也使一批国内外客户在与我们的合作中尝到了甜头。"

开拓市场的"填空理论"

"中国做改性塑料的企业非常多，我知道的就有 3000 多家，上市公司现在有六七家。"谈及我国改性塑料行业的现状时，黄河生稍皱眉头，"在改性塑料企业的数量上，目前已足够，但质量、效益上是不够的"。

症结在哪？"我认为主要是一些重复性建设和投入。目前，大部分企业处于一种模仿阶段，而自身的创新跟不上，同质化的竞争非常激烈，在改性塑料中低端市场，盈利能力大打折扣。"黄河生说。正是由于大家都处在中低端的竞争过程中，所以更需要提质增

效，在产品的技术含量上下功夫。

面对当前行业同质化严重的局面，黄河生也有着自己的看法："每个企业都应该有自己的特色，产品要差异化，只有掌握自己的核心竞争力，产出差异化产品才能使行业良性发展。"

"在推动技术创新的同时，还要注重加强市场开发，根据新材料的行业特性，探索'技术市场化和市场技术化'的融合模式。"黄河生进一步阐释，"我们的技术人员与销售人员共同到客户现场发现机会或提供服务，销售人员传递准确的市场需求，最大限度满足改性塑料行业具有'定制'特性的个性化市场需求。"

"这就是上海金发的'填空理论'。"黄河生解释，"即以市场为先导，市场需要什么，公司就集中力量，发挥自主创新能力开发什么，国家缺乏什么，公司就努力填补这一空白。"

为此，公司形成了"市场调研——资金、人力投入——新产品研发机制——市场推广——再投入研发创新"的发展模式。公司不断增加研发资金的投入，充实科技创新队伍，成立院士工作站和博士后工作站，同时完善创新机制，打造技术创新硬件基础，借助"产、学、研协作"和"新产品、工艺开发管理"两大抓手，积极参与国家科技计划项目，努力将上海金发打造成为行业一流的科技创新中心。

　　黄河生说："为加快我国高分子新材料行业的技术发展步伐，努力培植以阻燃树脂、增强增韧树脂、塑料合金为主的塑料改性技术体系，上海金发坚持技术创新和市场开拓相结合，以创新驱动进步，质量创造优势，走市场化运作之路，不断提高技术创新能力。"

　　基于此，上海金发的差异化与核心竞争力则体现在它的全系列产品整体解决方案和完善的客户服务上。"我们的全系列产品所包含的 PP、ABS、PA 以及长玻纤等在国内甚至国际上都是处于一流水平的。"黄河生如是说。

　　除此之外，上海金发还具有完善而独特的客户服务。在项目前期，上海金发的售前技术团队会为客户提供全面的售前服务，包括前期项目可行性分析、选材需求以及模流分析等。黄河生解释说："由于我们的产品种类齐全，我们能为客户提供整体解决方案。对于客户来说，如果使用我们一家材料来整体解决，不仅能够使材料更为匹配，更能降低客户的采购成本。"与此同时，上海金发产品经理将针对每个大型项目进行售后跟踪和定期回访，了解客户需求，为客户提供全方位的技术支持。

向轻量化、功能化、生态化、智能化进军

　　"十一五"期间，改性塑料行业已经初步实现了专业化、规模化；

　　"十二五"期间，改性塑料行业实现了功能化、精品化；

　　"十三五"期间，改性塑料行业将向轻量化、功能化、生态化、智能化进军！

　　黄河生道出了上海金发的发展目标。

上海金发实验室

　　《"十三五"国家战略性新兴产业发展规划》指出，"十三五"期间，我国将以改性塑料研发为突破口，着力提高科技创新能力，全面提升塑料产业的技术水平；加强再生塑料绿色回收、高质量改性、高值利用各个环节的技术创新，主动开展技术升级，提高资源利用效率，提高再生塑料产品的技术标准和产品价值，提升行业的整体竞争力。

　　受汽车轻量化、家电轻薄时尚化等趋势的影响，以及随着"新型城镇化""建设美丽中国"等政策的逐步推行，该行业的应用产品将进一步拓展，企业技术升级与创新和产品结构的优化与调整，为改性塑料行业带来广阔的发展前景。

　　数据显示，中国塑料总产量从 2004 年的近 1800 万吨上涨至 2016 年的近 8000 万吨，改性化率也从 8％增长到 19％。然而，相比全球 42% 的改性塑料用于汽车行业，中国仅为 10% 左右。

尤其是关注到"塑钢比"——衡量一个国家塑料工业发展水平的指标，我国仅为 30：70，不及世界平均的 50：50，更远不及发达国家如美国的 70：30 和德国的 63：C 37。

"当前，汽车轻量化为改性塑料行业发展提供新机遇，轻量化已经成为当今新车研发的焦点，要达到轻量化目标，除了优化结构与工艺设计之外，大多围绕在材料的选取上。"黄河生表示，目前，车用改性塑料在保险杠、发动机罩盖、安全气囊以及安全带等零部件中均有广泛应用。高性能塑料的融入不但能减轻车重，还能起到减振、耐磨的作用，从而更好地延长汽车使用寿命。

与全球 42% 的改性塑料用于汽车行业相比，我国仅为 10% 左右，"预计未来几年汽车行业将成为改性塑料消费量增速最快的领域。"黄河生展望，到 2020 年我国汽车年产量将达到 2840.60 万辆，按照 300kg/ 台汽车改性塑料保守使用量，未来 5 年内汽车改性塑料行业年复合增长率将达到 25.89%。

"相较于国外企业而言，国内厂商的优势在于成本低、市场反应速度快、服务优。"黄河生坦言，"但劣势在于行业集中度较低，单个企业规模较小，以及在产品质量、研发能力、管理水平等方面与发达国家仍有差距。"

望着窗外的蓝天白云，黄河生略微沉思后展望："公司未来发展战略将着眼于适应并推动国际科技发展趋势，提高自主创新能力，增强核心竞争力，推动企业效益增长方式转变；优化产品结构，着力塑造具有自身特点并为国际市场接受的品牌形象，努力打造世界驰名品牌；对现有成熟产品进行技术提升，实现技术同步国际化，争取成为比肩国际领先水平、能与世界著名企业竞争的排头兵企业。"

inframat®

第六篇

上海英佛曼公司：纳米科技拓荒者和领军者

陈　曦

　　纳米科技是本世纪最重要的新兴科学分支之一，使人类对自然的认知在更精细的维度上深入全新的世界。然而由于不充分的科学普及教育、错误的理解和人为的噱头宣传等客观原因，民众对于"纳米"这个概念既熟悉又陌生，既认可又怀疑，为纳米技术和相关产品蒙上了更加神秘的面纱。事实上，怀有真知和执着情怀的企

上海英佛曼公司一期厂房

业已经深耕和拓荒于纳米科技的沃土，通过多年不懈的努力研发，逐渐揭开了纳米科技的面纱，通过纳米科技产品的开发和应用，在众多的工业领域内展现了纳米技术充满魅力的真面目。在此，将重点介绍一家中国企业在纳米科技领域通过多年的拓荒和深耕，并成长为该领域的领军者的经历和取得的丰硕成果，为大众树立纳米产品的真正形象和现实的大规模工业化应用的成功样本。

开拓新纪元的纳米科技

纳米（nanometer）是一种长度的度量单位，1 纳米 $=10^{-9}$ 米，大约为人类头发直径的五万分之一。依据国际上的定义包含从 1 到 100 纳米之间的尺度结构的材料才能称为真正的纳米材料。纳米技术指的是在 100 纳米以下尺度内对纳米材料和结构等进行处理、制备、测试和表征等多种技术的集成。

纳米材料的主要魅力在于其可以展现出的特异的力学、电学、磁学、光学特性、敏感特性和催化以及光活性等性能，为新材料和功能性部件的发展开辟了一个崭新的研究和应用领域。例如，采用纳米级的陶瓷制造出的材料，兼具超延展性和强韧性，可以像金属一样进行弯曲变形。美国海军军事博物馆就收藏着一块真正的纳米陶瓷涂层弯曲成 90 度的展品。再以计算机芯片为例，目前全球技术较为先进的企业已经开始进军 10 纳米芯片甚至 7 纳米芯片，其精细程度叹为观止。由此略见一斑，真正的纳米材料的特异性能是可以实现和展示的。纳米技术在精细陶瓷、微电子学、生物工程、化工、医学、新能源等领域的广阔应用前景使纳米材料及其技术成为目前科学研究的热点之一，被认为是本世纪的又一次产业革命。

伴随着纳米科技的热潮，现实社会却出现了大量的纳米概念的炒作和"伪纳米"产品，阻碍了我国纳米技术的研发，特别是在工业领域的实用化和规模化推广。在此情形下，投入大量的时间和资金进行脚踏实地的纳米技术开发的企业更显得弥足珍贵，值得大力宣传和支持。

对于材料而言，当其达到纳米级后，其显现出来的性质已经有所突变，即使是很薄的表面层，也可以具备耐高温、耐腐蚀、耐磨损、导电、绝缘等性质。纳米材料具有的特殊性能，使其在航空航天、海洋装备、新能源、生物材料、石油化工、冶金、医疗设备等领域有广泛的应用前景。

纳米科技的拓荒者

上海英佛曼纳米科技股份有限公司（以下简称"上海英佛曼公司"）总经理田庆芬介绍，西方国家的纳米科技水平和应用领域处于领先水平，同时对关键技术进行严格保密，因此我国的纳米材料和规模化应用的领域基本空白。经过近十年的不断努力，上海英佛曼公司在众多的工业领域开展了开拓性的工业应用规模的纳米技术的深度研发，应用的领域涉及了航空航天、海洋装备、新能源、生物材料、石油化工、冶金、医疗设备等，填补了多项技术应用的空白。

纳米材料的组织更致密，致密度可以达到99％以上，排列更加均匀和优化。在基材表面增加纳米涂层，可以大幅提高其耐高温、耐磨损、耐腐蚀等综合性能。采用先进的纳米涂层，美国等制造的飞机发动机可延长数倍的连续飞行小时，实现更长期的免维护，是发动机的核心技术。

上海英佛曼公司与宝钢合作的项目之一，冷轧生产线的工作辊在过钢量达到 1 万吨之后，由于与高速运动钢带的接触磨损严重，需要频繁更换，影响生产的连续性。采用了优化的纳米涂层表面增强处理的工作辊，连续过钢量可以达到 30 万吨，相当于把使用寿命提高了 30 倍。该项目大大提升了经济效益，为该类生产线降低生产成本高达 5000 万元 / 年。

田庆芬经理介绍，通过纳米材料和工业的客制化设计，可以将纳米技术应用于不同的工业领域。纳米涂层的硬度可以达到洛氏硬度 93 以上，与普通微米材料比较，能实现 1000 万转无损坏，性能有 10 倍以上的提高。该类纳米涂层已经应用于机械、化工、运输等行业的耐磨损部件。对于耐高温性能，同基材上施加陶瓷纳米涂层后，可以承受更高温度和相应的高温应力，在高载荷条件下稳定可靠地运行。纳米陶瓷涂层应用于涡轮燃气机的高温段可以极大提升发动机的性能和效率。纳米涂层可以兼具高热传导率和高硬度，应用于钢厂连续铸造线的铜质结晶器表面，一次过钢量提高 2—3 倍以上，达到 18 万吨过钢量。纳米材料同样具有耐腐蚀和应力缓解能力，在流体作用下管道、水泵、阀门等的抗空泡腐蚀中起到良好的应用效果。纳米材料具体特殊的表面形貌和性能，在海洋平台、舰船上涂上一层纳米涂层后，可以防止海洋生物附着、生长在其表面。其他的纳米涂层还包括耐熔融金属腐蚀涂层、耐高温结瘤抗粘附涂层、耐高温磨损涂层、耐烧蚀耐烧损抗高温氧化涂层、耐腐蚀耐磨损自清洁功能性涂层、耐酸腐蚀功能性涂层以及油污降解功能性涂层等。

目前，上海英佛曼公司已经研发成功系列化的客制的纳米材料和表面涂层系列，应用的工业产品超过 100 项，涵盖了几乎所有核心工业领域，填补了多项国内、国外的纳米技术应用的空白，以纳米技术的创新性、应用广度、技术成熟度为度量，成为当之无愧的纳米科技和应用的拓荒者。

纳米科技的领军者

发明家路易·列宾于 1901 年创立"列宾竞赛"，自 1912 年起，逐渐发展成为世界上举办历史最久、影响范围广的国际性发明展览会。上海英佛曼公司自 2012 年参赛以来，已经荣获 9 项金奖及多项银奖。其中，2018 年我国共获 3 项金奖，其中 2 项金奖授予了上海英佛曼公司纳米技术产品。田庆芬说，实际上我们获得的世界发明金奖不仅代表拿了一个奖，更意味着我们中国的民族工业在世界上地位的提升和我国对国际科研作出的贡献的认可。目前，公司已经形成了 30 余项具有自主知识产权的专利技术，涵盖了若干核心工业领域。

源自在纳米技术研发和应用推广上的长期努力和不懈坚持，上海英佛曼公司在规模和业务上快速成长，成为具有影响力的行业领军型科技企业。2015 年，上海英佛曼公司在上海科创板挂牌，是第一批 27 家高科技企业之一。目前，作为上海的"专精特新"企业，上海英佛曼公司 2018 年被工信部评为"隐形冠军企业"，成为上海 66 家高科技领军企业之一。

自创立以来，上海英佛曼公司一直致力于专业领域的先进材料和技术的研发和应用，特别是以先进的纳米材料和涂层技术为核心

技术的深度研究和开发，已经形成多项专有的技术和工艺。主要业务范围包括新材料研发和生产、表面工程化设计和制备、设备的再制造、设备和工艺集成、技术咨询和培训、产线的整体改造和保障等。随着公司业务的拓展，已经打破了国际垄断，并逐年赶超先进国家的技术水平和应用领域的规模。

作为高新技术企业，上海英佛曼公司在纳米科技产品的研发、生产、管理、服务等多方面做了众多大胆的改革和尝试，并且搭建多个技术平台。2018 年 5 月 28 日，英佛曼与上海震旦职业学院进行校企联合的"英佛曼奖学金·奖教金"签约仪式召开。"英佛曼奖学金·奖教金"的设立旨在带动国内一批学子对于新材料、新工艺、新技术的认识，吸引更多的学生加入纳米科技研发队伍。

纳米科技发展的愿景

为实现以纳米材料为核心的纳米科技在若干方向上取得突破性进展，包括科研内容的深度和广度，规模化、经济化的纳米材料的生产，以及纳米技术的规模化工业应用推广等，上海英佛曼公司积极扩充产能，建成 10 条纳米涂层制备生产线，并配备相应的研发设施和检验设备、环境保护、质量控制体系等，纳米材料生产基地项目也正在实施建设中。预计在 2019 年项目完工后，将形成以生产厂房、研发中心、专家楼、办公楼和培训中心楼等为硬件支撑的纳米材料研发和生产基地。基地均有 4 条至 6 条纳米材料生产线，其生产工艺和装备均由公司自主设计与集成，投产后年产能可达 1000 吨，主要产品包括纳米结构的金属材料、陶瓷基材料、金属陶瓷的复合材料，上海英佛曼公司将会因此成为国内外位居前位的纳米材料生产企业。上海英佛曼公司董事长李刚介绍，仅有纳米材料的生产能力是不够的，更重要的是通过配方比例与工艺方法的优化，最大可能地发挥纳米材料的性能和功能，这需要大量的相关研发才能够掌握。要实现纳米技术和材料的应用，需要材料与工艺两者并行，缺一不可。我们要不断钻研、不断地实验、不断地优筛，力争制备最好的纳米材料和最优化地使用好纳米材料。纳米材料生产基地的建设意义重大，不仅可以打破国际上纳米材料的垄断，而且填补了产业化纳米材料生产的空白，提升了国产化率，推动我国纳米材料行业由粗放资源型向产品深度加工和高附加值的转变。

田庆芬还表示，我们要做领军企业，目前我们在技术上应该说是当仁不让的领军，但是还需要在产值和市场规模上做大做强，成为技术和市场均认可的冠军。随着公司主营纳米涂层技术不断成熟、应用领域不断扩大，公司继续与能源、化工、机械、海洋装备、生物医药、国防等多领域国内知名大型企业建立了合作关系，将在最大限度上发挥研发团队专业优势并及时与应用市场无缝衔接。通过搭建平台，实现战略性发展的目标。成立十年来，上海英佛曼公司集中精力致力于技术的研发和验证，公司的未来将充分利用积累的技术优势，扩大产能，占领市场。

作为行业领军企业，上海英佛曼公司以振兴产业为重任。对此，拟将公司建设成为国内大型的纳米材料和科研基地，吸引国家级研发机构和工业企业的人力和物质资源，形成多学科、多领域和多用户的综合性实体。研发中心的建设将以打造国家级纳米材料应用技术研发为目标和引线，设立纳米材料在航空航天、海洋装备、生物医药、石油化工、能源、电力、汽车等领域应用技术研发的众创空间，开拓市场，打造纳米材料应用技术的上下游产业链。

纳米技术的价值所在已经得到越来越多的体现，在钢铁、新能源、石油化工、电力、汽车、航空航天、海洋装备等领域都有广泛的市场需求。上海英佛曼公司纳米材料生产线的建设将重点研发和生产公司所拥有的专利技术知识产权的新型材料，特别是以纳米结构的精细陶瓷及其复合材料为主的产品为生产重点。这些材料将具有极强的市场推广和扩展能力，实现公司业务的跨行业、多地域的快速发展和扩张，前景十分广阔。田庆芬经理对公司纳米技术的明天充满信心，她表示："在资本和市场的助力下，我们有信心把技术迅速应用到各个领域。"

第七篇

康达新材：守望初心　砥砺前行

时炳臣

2018 年 3 月 21 日，中央电视台发现之旅频道播出电视纪录片《匠心智造·精诚所至　康达随行》。该片以风叶胶和无溶剂复膜胶的研发和国产化为主要内容，讲述了上海康达化工新材料股份有限公司（以下简称"康达新材"）从一个小小的乡镇企业成长为国内胶粘剂行业龙头企业的动人故事。这部电视纪录片播出后，在社会上引起了很大的反响，康达新材也由此进入了大众的视线。

康达新材成立于 1988 年，是主要从事结构胶粘剂和工业胶粘剂的研发、生产和销售的科研产业实体，拥有丙烯酸酯胶、有机硅胶、环氧树脂胶、改性丙烯酸酯胶、聚氨酯胶、PUR 热熔胶、SBS 胶等 300 多种规格型号的产品。产品主要应用于风力发电、软包装复合、轨道交通、航空航天、海洋船舶工程、光伏太阳能、橡塑制品、建筑工程、家用电器、汽摩配件、电机、电梯、矿业设备、工业维修等领域。

2012 年 4 月，康达新材成功登陆 A 股市场，上市板块为深圳中小板。康达新材上市后，各项业务快速发展，现已发展成为中国最大的结构胶粘剂和工业胶粘剂供应商，并被誉为胶粘剂行业的"专家"。

筚路蓝缕

康达新材的成功并非偶然，它有一个充满艰辛和曲折的创业故事。"在创业初期，举步维艰，经常会遇到超出想象的困难。"康达新材创始人陆企亭说。

康达新材的前身是上海康达化工实验厂，创办于 1988 年 5 月，陆企亭任厂长。这是一个由陆企亭一手创办的企业，也是一个与陆

企亭身世变化息息相关的企业。

陆企亭，1940 年生于上海。1957 年，他考入北京大学，攻读有机化学专业，1963 年毕业后分配到一个当时叫东北石油化学研究所的单位，地点在哈尔滨，在那里一干就是 25 年。在研究所工作期间，陆企亭并没有从事石油研究，而是研发一种用于传感器的材料，也是一种胶。这种传感器是一种检测装置，用来测量导弹或卫星有关信息的，从这一点来说，陆企亭的工作多多少少也和"两弹一星"有关系。后来其研究成果得到了应用单位的肯定，他还因此获得了一项发明奖。

1988 年，陆企亭从哈尔滨转回上海工作。当初他本想在上海市区找个工作单位，但因其家庭成员不能在上海市区落户，也就只好作罢。他退而求其次，最后回到了家乡川沙县（现在是浦东新区的一部分）。当时的川沙县没有像东北石油化学研究所那样的专业对口单位，陆企亭就先选择了在县里的环保局工作，但他又觉得自己不是"做官"的料，于是就产生创办企业的想法。

说起创业，陆企亭的创业真可谓"筚路蓝缕"。陆企亭说："在创业初期，缺钱、缺设备、缺人。办厂的全部家当，包括 2.5 万元人民币的起步资金、厂房、设备，都是借来的，几名员工也是从单位里请来帮忙的同事。"就这样，陆企亭用借资金、借设备、借人的"三借"方式走上了创业之路。

陆企亭回忆道："当时厂里最缺的还是资金，因为没有充足的周转资金，只能小批多次去采购原料；我们没有汽车，就用三轮车代替；买不起实验用的拉力机，只好用千斤顶改装成测力计。"

屋漏偏逢连夜雨。由于当时知识产权保护制度尚不健全，康达新材在创办不久就遇到了两起员工偷走配方自己开办新厂的事件，

这对于一个还在艰辛成长中的新生企业来说，无疑是雪上加霜。陆企亭对这两起事件一直铭记在心，这也导致他在以后的经营管理中，特别看重一个人的品行。

陆企亭为什么敢在缺钱、缺人、无设备、无厂房的情况下创办企业呢？他的底气来自对快固型丙烯酸酯 AB 胶核心技术的自信，而这个核心技术的发明人正是陆企亭。"我创办康达新材的初衷，主要就是用我掌握的核心技术为用户解决在工业零部件的生产、维修和应用等过程中出现的各种粘接及密封问题。"陆企亭说。

康达新材第一个产品就是从工业装配用丙烯酸酯胶做起。当时，我国制造业在改革开放中获得快速发展，而制造业的发展又拉动了工业胶粘剂的市场需求，但国内胶粘剂行业却处在供给不足的状态，特别是中高端产品还要依赖进口。康达新材紧紧把握住这一市场机遇，结合自身积累的胶粘剂研发经验，研制出扬声器用快固型丙烯酸酯 AB 胶。康达新材研制的 AB 胶不仅粘接强度高，而且还有快速凝固等特点，它能使扬声器的装配时间从原来的 72 小时缩短到 3 小时，这一工艺革命大大地提高了生产效率。

快固型丙烯酸酯 AB 胶的问世，打破了国外对中国市场的垄断，实现了进口替代。这个产品一经推出，就广受市场欢迎，甚至国外客户也闻讯而来。1989 年，上海三菱电梯有限公司的日方副总裁斋藤先生，因进口胶经常不能及时供应而着急，在得知康达新材有能力生产丙烯酸酯 AB 胶时，简直不敢相信，一定要亲自到工厂来看一看。经过考察与沟通交流之后，斋藤先生十分满意，当即表达了采购意向，采购金额为 100 万元。康达新材很好地满足了上海三菱电梯的需求，此后上海三菱电梯就成了康达新材的长期用户。

由于替代进口改性丙烯酸酯胶在扬声器、电梯、电机及小商品市场的优异表现，康达新材 1994 年就获得了上海市星火科技三等奖，进一步确立了在我国丙烯酸酯胶细分行业的"领头羊"地位。多年来，康达新材的改性丙烯酸酯胶产品畅销不衰，就是到了现在，这款产品依然能够给康达新材带来每年 6000 万元以上的销售收入。

康达新材就这样从一个川沙县环保局归属下的三产企业，在度过最初的孵化期后，于 1993 年 8 月改制成为股份合作制企业，注册资金 120 万元；2010 年 8 月，又顺利完成股份制改造，整体变更为上海康达化工新材料股份有限公司，注册资金 7500 万元；2012 年 4 月 16 日，登陆深交所，成为上市挂牌公司。从此，康达新材建立了更加完善的现代企业制度，制定了更加科学的发展规划，为下一步的大发展奠定了更加坚实的基础。

创新驱动

康达新材的产品线很长，拥有 300 多种规格型号的产品，这是怎样形成的呢？很显然，靠的是创新。康达新材是一个明显的技术驱动型企业，创新是企业发展的原动力。

"从公司代表性产品技术创新这一角度来看，康达新材经历了丙烯酸酯胶业务发展期、环氧结构胶业务发展期、无溶剂聚氨酯胶业务发展期。产品不断创新、升级转型，带动企业实现跨越式发展。"陆企亭说。

20 世纪 90 年代，在康达新材创立之初，把丙烯酸酯胶作为发展主业。在产品开发思路上，采取跟随、模仿式策略，主要发展替代进口产品，解决了国产中高端胶粘剂从无到有的问题。目前，康达新材的丙烯酸酯胶已发展到第三代，产品种类型号上百种，年产销量一直为国内企业第一。

进入 21 世纪后，传统的胶粘剂行业出现增长放缓的势头。但此时的康达新材已完成了重要的资本积累、资源积累和经验积累，为二次腾飞奠定了雄厚的基础。为了主动适应市场环境和产品需求的变化，康达新材以聚焦新兴市场为战略重心，变被动为主动，着手培育新的业务增长点。

2008 年，康达新材开发的风电叶片环氧结构胶获得批量应用，一举打破国外品牌垄断。2009 年，该产品销量和销售收入均超过丙烯酸酯胶业务，成为公司第一大发展主业。目前，该产品已稳居国内风电市场第一，市场占有率达 60％以上。

与此同时，康达新材积极抢占新一轮市场竞争"制高点"，在国内率先成功开发出无溶剂聚氨酯复膜胶产品，该产品具有环保、节能、安全和性价比高等优势，已在国内数百家客户得到稳定应用。在后续产品开发过程中，康达新材紧紧抓住功能化差异化市场的空缺，开发了耐蒸煮型、铝箔型、耐介质型等高附加值型聚氨酯复膜胶产品，能够满足大部分软包装材料的复合粘接需求。2016年，复膜胶产品销售收入首次突破亿元，成为康达新材新的增长引擎。

康达新材持续不断的创新能力与其坚持长期大量投入有直接关系。早在 2009 年，康达新材的研发投入就已突破千万元，占销售收入比重超过 4%。此后，随着公司销售收入快速增长，研发投入占比也从未低于这一比例。近三年来，研发投入总额超过 8900 万元，年均研发投入超过 2500 万元，在国内胶粘剂上市企业中名列前茅。除了直接的研发投入，康达新材对研发人员的激励效果也十分显著。新品上市后，销售收入超过一定数额，企业将给予研发人员一定比例的分红提成，这种激励机制不仅让研发人员有了拼搏的动力，也更愿意留在公司长期发展。

为了加强创新能力，康达新材耗资约 8000 万元，历经近 2 年时间，建设了一座总面积约 5000 平方米的研发大楼，2015 年正式投入使用。另外，早在 2000 年，康达新材就专门设立了上海康达化工技术研究所。目前，研究所共有研发人员 120 余人，占公司员工总数的 1/4，其中硕士以上学历 34 人。研究所下辖研发部、检测中心和科技信息部，分别在产品研发、新产品应用拓展、质量检验、前沿课题研究等方面开展工作。研究所凭借着自身的实力被认定为上海胶粘剂工程技术研究中心和上海市企业技术中心，其检测中心是获得了中国合格评定国家认可委员会（CNAS）认可的实验

康达新材产品

室。研究所设置了多个研究室，各研究室以各自负责的胶种为主要研究方向，根据市场需要组织项目研发。近年来，研究所每年完成研究项目 20 多项，并推出一批又一批具有市场竞争力的产品。

截至 2017 年 12 月 31 日，康达新材拥有 45 项授权专利，其中发明专利 23 项。公司 98% 以上的产品为自主研发产品。

砥砺前行

2012 年 4 月 16 日，康达新材登陆深交所，成为上市挂牌公司。在上市过程中要编写招股说明书，康达新材认真总结了过去 20 多年发展的经验教训，提炼出了今后的发展战略，即"开拓新兴领域，发展高端产品，服务大客户，延伸产业链"，并且制定了未来的发展规划。

上市后，康达新材抓住了新的发展机遇，使公司发展又上了一个新台阶。2012—2015年，康达新材的销售额从2.9亿元增长到7.3亿元，年均增长率高达26%，大大高于同期我国胶粘剂行业平均7%的增长水平。

目前，康达新材的业务板块分为六大部分，包括常规、风电、光伏、复合、绿能、军工。与此相对应，康达新材设置了六大事业部，基本覆盖了中高端胶粘剂主要应用领域。

常规事业部负责常规胶粘剂应用领域的市场销售，常规产品有改性丙烯酸酯胶、环氧胶、聚氨酯胶、厌氧胶、硅橡胶、瞬干胶、MS胶、UV胶、修补剂等，应用领域繁多，采用经销方式销售，并建立了完善的快速响应机制，能够对市场需求作出及时反应，促进新品开发的良性循环，保证用户订单按时完成。

风电事业部主要销售风电叶片用环氧结构胶、修补胶、环氧树脂、喷胶、密封胶带等产品。面向全国各大区域，事业部成立了专业的售后技术服务团队，保证及时、快速地服务客户。近年来，受益于风电行业的迅速发展，以及早期公司在风电领域的谋划布局，公司已经成长为国内最大、技术领先的风电叶片核心材料供应商，服务于中材科技、明阳风电、国电联合动力、中复连众、中车时代新材、东汽等国内主要风电叶片制造商。

光伏事业部主要销售光伏组件封装和粘接用胶粘剂、硅片加工用胶粘剂、切割液等产品。该事业部直面国内光伏行业带来的机遇和挑战，致力于解决客户的差异化需求，为客户提供定制化服务，并加大技术、商务服务力度。

复合事业部主要销售软包装复膜胶。该业务对于推进包装行业节能减排、清洁生产、安全卫生等意义重大，同时也对提升企业的核心竞争力、增强自身实力有很好的促进作用。公司在这一领域提早布局，研制出具有国际先进水平的无溶剂复膜胶系列化产品，获得了稳固的市场地位。未来随着 VOC（挥发性有机化合物）排放的严控和包装的消费升级，该业务发展空间十分广阔。

绿能（绿色能源丁基材料的简称）事业部主要向光伏、建筑、复合材料、汽车等应用领域推广丁基密封和防水材料。丁基材料业务处于市场培育期，中长期将成为公司的重要增长动力。

军工事业部主要为国防武器装备提供密封粘接、轻量化绝热材料等，拥有相对独立的自主经营权。

2018 年 10 月 15 日，康达新材发布公告称："为响应国家混合所有制改革、优化公司资本结构，公司控股股东、实际控制人陆企亭及其一致行动人徐洪珊、储文斌拟将所持公司合计 26% 股份协议转让给唐山金控孵化，转让完成后，陆企亭不再是公司控股股东和实际控制人，唐山金控孵化将成为公司控股股东，公司实际控制人将变更为唐山市人民政府国有资产监督管理委员会。"

公告还称："康达新材主要从事胶粘剂及新材料业务，2018 年上半年完成必控科技股权收购，新增加军工电磁兼容相关业务，未来公司拟成为'军工 + 新材料'上市公司平台。"这个业务结构更加强调了军工业务，但"新材料仍然是康达新材的主旋律"。除了现有几个业务板块之外，将是更加广阔的天地。

30 年前，康达新材以一个集体企业的性质诞生，之后又经过了股份制改造，直至上市。现在股权关系又发生了一次重大变革，引入了国有资本，进行了混合所有制改革。这次股本结构改变后，陆企亭将不再是公司控股股东和实际控制人，但面对即将发生的变化，他平和地说："现在回想起来，更多的是感恩，感恩研究所的培养，正是在研究所的工作经历，让我积累了科研经验，收获了科研成果，在此后的创业道路上走得更有自信、更有底气。另外，我还要感恩遇到了改革开放的好时代，让我们科研人员有了将科研成果转化为生产力、报效祖国服务社会的实践机会，更好地实现人生价值。"

我们相信，引入了国有资本的康达新材依然会不忘初心，在发展胶粘剂新材料的事业上如虎添翼、砥砺前行。

第八篇

上创超导：做装备工业的"幕后英雄"

李莎莎

　　一代装备需要一代材料，一代材料成就一代装备。新材料作为高端装备的"幕后英雄"，是一国科技进步的基石，是"发明之母"和"工业粮食"。由于新材料产业在国内起步晚，此前不少新材料一直需要大量进口，但如今这一情况明显改观。

　　2018年9月19日，上海工博会上，上海上创超导科技有限公司（以下简称"上创超导"）的展台上，一辆小列车正悬浮在轨道上匀速飞快地滑行，这套利用超导原理展示的高温超导磁悬浮轨道装置引来不少观众围观。

　　这套装置使用的材料是高温超导材料。高温超导材料又称高温氧化物超导材料，是一种具有巨大发展潜力和重大战略意义的新材料，广泛应用于能源、交通、医疗等领域。制造高性能的高温超导材料除了要跨过技术门槛，还要严格控制好生产成本。"中国在这一领域起步较晚，但发展速度非常快。"上创超导董事长薛华实充满自豪地说，上创超导用短短几年时间走完了发达国家十几年的发展阶段，实现了中国超导材料产业组分、工艺、重大关键装备的突破，其生产的第二代高温超导材料性价比达到国际领先水平，并成为国内首家通过工信部科技成果鉴定的高温超导材料企业。如今，上创超导的产品已进入国家大科学工程装置、电力示范工程、军工装备、高端医疗仪器等强电、强磁应用领域。

"土博士 + 洋博士" 的创业梦

"我和蔡传兵（上创超导技术总监）是中科院上海微系统所的博士同学，毕业后他去国外继续做研究，成了'洋博士后'，我留在国内当'土博士'。如今我们土洋结合，为实现超导产业梦而打拼。"薛华实笑着告诉笔者。

1995 年，薛华实和蔡传兵一起进入中国科学院上海微系统与信息技术研究所（原中科院上海冶金研究所）攻读材料物理化学博士学位。毕业后，薛华实进入中石油上海分公司，从事投资业务。蔡传兵则东渡日本，进入铁道综合技术研究所做博士后，参与研发山梨县超导磁悬浮列车。与上海的电力磁悬浮列车不同，山梨线路采用超导磁体技术，能耗小很多。此后，蔡传兵又先后前往英国、澳大利亚、德国从事超导材料研究。

蔡传兵介绍，高温超导材料是指在价格低廉的液氮温度环境下具有零电阻效应的氧化物超导材料。凭借独特的零电阻特性，可以实现无损耗的大电流传输，且单位面积载流能力是常规铜铝导线的100 多倍，这也意味着同等功率下使用高温超导带材比铜铝导线节省很多材料，在电力、电子、军事和医疗等许多领域运用都有重要意义。

据他介绍，1911年，荷兰科学家昂内斯意外发现，将汞冷却到零下268.95℃时，其电阻突然消失，这种现象被称为超导电性。然而，零下268.95℃已接近绝对零度（零下273.15℃），必须用昂贵的液氦才能把温度降到这么低，实现"零电阻"的代价非常高。

从1911年第一次发现超导电性现象到1985年期间，超导材料均为金属或合金，只能在液氦环境下工作，一般称为低温超导材料或传统金属超导材料。1986年，科学家的视角开始触及氧化物陶瓷材料，超导转变温度超过液氮温度，这类材料被称为高温超导材料。其实，高温只是相对而言，其温度仍是零下196℃，但由于运行介质由稀缺昂贵的液氦，转换为随处可见的液氮，使用成本大大下降，绝热保温条件也较容易提供和保障。

目前，高温超导带材已发展到第二代。蔡传兵介绍，第一代高温超导带材因为本征性能和技术缺陷，成本较高，在市场上无法大规模推广。第二代高温超导带材是基于金属基带上的薄膜外延技术，使高温超导在电力工程中的广泛应用成为可能，材料成本大大低于第一代，具有极高的性价比，价格甚至有可能与现在常规的铜铝导线在同一水平。

自20世纪90年代末以来，美、日等国高温超导材料产业化技术取得重大突破并很快进入产业化阶段。

可以说，如果我国在高温超导带材领域没有自主知识产权和产业化能力，未来势必在很多关乎国计民生的重要领域受制于人。所以发展高温超导带材，既是国家战略，也是经济转型升级的要求。

然而，高温超导材料的工业级制备谈何容易。蔡传兵在海外做科研时，正是第二代高温超导带材制备工艺的快速发展期。在德国莱布尼茨固体物理与材料研究所，他研究的是化学法制备工艺，其特点是成本低，具有很好的产业化前景。

2005年，从德国回到祖国后，蔡传兵在上海大学组建研究团队，先后主持承担了国家"863"计划、中德合作科研项目（PPP）、上海市重点、重大科技攻关项目等重大科研任务。他的团队掌握了具有自主知识产权的高温超导带材成材工艺和装备技术，建立了独特的低成本技术路线，在新型高效缓冲层和超导层人工磁通钉扎和厚度效应方面取得了一系列研究成果。

但校内的研究成果转化为市场化产品，需要资本的合作和实体的投资。此时，蔡传兵的老朋友——一直默默关注国内超导产业发展的薛华实，与他站在了一起。

那时，薛华实已是中石油上海分公司副总经理。两位老同学重逢后，蔡传兵向薛华实介绍了第二代高温超导材料的产业化前景。"传兵的话打动了我，让我萌生了创业念头。"薛华实朴实地说。

"科学家＋企业家"的超导创业路

2008 年，薛华实辞去中石油的工作，酝酿建立企业。3 年后的 2011 年，薛华实、蔡传兵等 13 位创业者自掏腰包，出资 4200 万元，成立上海上创超导科技公司。

科学家蔡传兵负责技术，企业家薛华实负责资金，这一对"科学家＋企业家"黄金搭档的创业路正式开启。

成立之初，上海大学则以专利这一无形资产投资入股。此后，公司又引入上海百村实业有限公司、上海创业投资有限公司的投资，成为国有企业、集体企业、高校和自然人共同参股的混合所有制企业。其中，百村实业公司是由奉贤区 100 个经济薄弱村出资建立的集体企业，在奉贤区委区政府推动下，该公司对上创超导做了厂房和土地投入。

如今，上创超导位于百村创业园，拥有总面积 8400 平方米的厂房和办公大楼。"现成厂房的使用大大缩短了国内第一条千米级第二代高温超导带材的研制时间。"薛华实说，"在这里，各种报批手续也很便捷。"

良好的创业服务环境加上"企业家＋科学家"强强联手，使上创超导进入了发展快车道。

仅用一年时间，2012 年底洁净厂房装修和生产设备的自主设计与加工完毕，在国内同行业第二代高温超导带材的布局上速度最快，第一个建成厂房。

　　2013 年 5 月国内首条具有自主知识产权的第二代高温超导带材生产线建成，再经过 60 天的系统调试和攻关会战，在上海这片中国经济发展最强劲的热土上实现了千米带材的试生产。

　　2013 年 7 月，我国第一根千米级第二代高温超导带材在上创超导位于奉贤百村创业园内的超导生产车间内正式下线，这是国内第一条单根长度达千米的第二代高温超导带材，标志着我国高温超导技术向产业化又迈进了一大步。当时，世界上能生产千米级第二代高温超导带材的只有两家美国企业，上创超导成为全球第三家企业。

　　上创超导用几年的时间，走完了美、日、德等发达国家十几年走的高温超导带材产业化之路。

　　"这样的速度得益于公司对研发的投入和研发团队的努力。"科学家蔡传兵对于研发的执着非同一般，上创超导的研发团队几乎全部是上海大学的高温超导带材团队。这个团队骨干成员有个共同特点，就是具有在中国科学院的学习或工作背景。他们来自中国科学院的不同研究所，包括中科院微系统所、中科院硅酸盐所、中科院物理所、中科院宁波材料所、中科院上海光机所和中科院合肥物质研究院等单位，这样的学术背景使团队敢于以国家及地方重大科技的发展需要为己任，积极与"985"高校和中科院团队在同领域中开展合作与竞争，积极争取并承担国家和地方多项重大科技攻关项目。也正是有这样的勇气和信心，经过几年自强不息的努力，上海大学在第二代高温超导带材的基础研究和产业化攻关等方面走到了全国前列。

　　为保障公司的超导技术持续领先，公司一方面委托上海大学开展技术攻关，充分利用上海大学的多学科优势。另一方面同上海电缆研究所、中船重工、中国变压器集团上海变压器有限公司、江苏华盛电气股份有限公司、上海电气电站集团等超导技术实际应用单位全面合作，不断推动新技术在下游领域的应用。同时与上海格林赛新材料有限公司、上海材料所、上海化工研究院等上游产品研发单位强化合作，持续降低原材料成本，使产品更适应市场需求。

2013 年，在欧洲应用超导大会上中国超导产业发出了快速发展的"最强音"，着实让"西方列强"惊讶不已。高温超导带材从实验室，走上工业化生产之路，现在逐步走向市场，几年的快速跟进，我国的高温超导带材产业化能力也让国际同行刮目相看。回顾大会发言场景，蔡传兵仍激情昂扬，"当时非常激动，因为中国人高温超导产业的梦想，伴随着这条超长第二代高温超导带材的出炉，越来越近，越来越现实。"

梦想照进现实

千米级超导带材下线后，两位博士同窗的超导产业梦变得近在咫尺。在上海市政府多个委办局的立项支持下，他们带领团队不断提高材料性能，并借助落户公司的上海市首个高温超导重点实验室，与国内一流专家团队展开合作。

与此同时，上创超导不断开拓下游应用市场，与上海电缆研究所、上海电气集团、中国变压器集团、中船重工等企业合作，研制超导电缆、超导风力发电机、超导变压器等一系列强电产品。

高温超导电缆能实现常压电力传输，载流量是铜线电缆的 100 多倍，不但节能效果显著，而且将让高压铁塔、地下变电站逐步退出历史舞台，大幅节省地上和地下空间。专家认为，超导电缆可首先应用于城市高密度电网和我国西部局域电网。超导风力发电机也给人很大的想象空间。医院使用的核磁共振成像仪，在强磁场条件下运行，也需要高温超导材料。

2015 年，公司的第 3 条生产线完成调试。这是一条完全意义的工业级生产线，可以制造 20 毫米宽以上的第二代高温超导带材，通过分条切割，大大提高了超导带材的产能。超导带材的结构指标和载流性能经第三方检测表明处于世界先进行列。

"这是一条工业级生产线，可以制造 40 毫米宽的第二代高温超导带材。"薛华实自豪地说。

综观国际上其他高温超导材料公司，或为上市公司，或隶属国际知名大企业，都有雄厚的资金支持。相比而言，撬动上创超导产业化高温超导带材的资金并不算多，即便与国内其他企业比，也是较少的，然而公司针对超导带材产业化生产设备投入一点都不比其他单位少，这主要得益于上创超导紧紧依托上海大学在超导领域的技术积累、人才力量和实验测试平台。在市政府指导下的产学研高度融合，使上创超导仅用几年时间赶上发达国家十几年的超导发展之路，交出了令人满意的答卷。

2015 年《环球科学》的创新榜上，上创超导榜上有名。《环球科学》是《美国科学人》的中文版，他们与麦肯锡合作，从科技企业的研发投入、研究实力与成果转化能力、2015 年重要成果、创新机制、创新人才培养、行业的推动作用、在可持续发展方面所做的工作与规划等 13 项指标对众多企业进行评估。上创超导获得认可的原因在于，当各类企业都在互联网热潮中激情高涨时仍能静下心来，回归更为根本的技术研发，尝试一条更加艰难却更能激发联想、令人钦佩的创新道路。

这一评价可谓中肯，上创超导自成立以来，就一直将重心放在设计、研发上。2011年上创超导成立，公司将有限的资金的绝大部分投入在生产设备的研发，而科研人员、设计制造和管理人员均以远低于同行的薪酬，凭着对高温超导带材产业化的信心和执着努力着。

第二代高温超导带材长带

2017年新年伊始，国家工业强基工程"一揽子"重点突破计划，部署36个重点方向组织开展招投标遴选，上创超导作为上海4家企业之一成功入围，围绕第二代高温超导带材，进一步提升产能和技术水平。

第二代高温超导带材何以能与量子计算机、商用航空发动机并驾齐驱，入选国家工业强基工程重点突破计划？

根据美国能源部预测，随着第二代高温超导带材制备技术的成熟，其价格性能比在未来几年将会大幅下降，最终将低于铜的价格性能比。正如半导体带来了资讯时代、光纤带来了通信时代，高温超导材料将从根本上改变人类的用电方式，给电力、能源、交通等领域带来革命性的技术进步。

薛华实说，世界主要发达国家均把超导电力技术视为具有经济战略意义的高新技术。美国能源部认为超导电力技术将是21世纪电力工业唯一的高技术储备，日本认为发展高温超导电力技术是在

21 世纪的高技术竞争中保持尖端优势的关键所在。在我国，《国家中长期科学和技术发展规划纲要（2006—2020 年）》也把高温超导技术确立为新材料前沿技术之一。

蔡传兵则表示，超导电力传输具有能量损耗低、输送容量大、体积小、电磁污染少等优点；建设超导智能电网是解决常规电缆远距离输电时的高电路损耗和对超高压电缆及技术依赖的唯一途径。例如，从内蒙古到上海通过传统输电方式至少需要 500 千伏的电压，而通过超导电缆仅仅需要 220 伏的电压即可输送，可以大大降低输电线路的电压等级。另外，由于超导材料无电阻，能大幅度地降低输电过程中的电力损耗。常规铜或铝导线输电系统中，约有 15% 的电能损耗在输电线路上。同时，由于超导带材载流能力是同尺寸铜导线的 150 倍，可显著提升输电能力，节约材料并优化城市空间。

在 2017 年，国家已经把高温超导材料列为重点方向，上创超导打破国外垄断，掌握了高性能"千米级"第二代高温超导带材的核心生产技术，填补了中国高端生产装备在该领域的空白。

此次工业强基项目中，上创超导将突破化学溶液法制备超导带材的关键技术，降低化学法涂层膜的热解和晶化时间，解决低成本技术路线中的连续制备质量监控问题。同时，通过自动化控制技术，实现低成本化学法超导带材生产，产能提升到 500 公里 / 年，形成低成本高温超导带材生产装备设计制造及生产线设计安装等自主知识产权。

经历了 5 年潜心研发的上创超导有信心实现这些蓝图，低成本 MOD 工艺技术路线填补了国内空白。自 2013 年国内首根千米级第二代高温超导带材下线后，获得了工信部国内首家高温超导材料金奖，军民两用技术推进大会颁发的"十大创新企业"；2016 年在首届中国军民两用技术创新应用大赛上获铜奖；2017 年被工信部列入军民融合十大重点推荐项目，是唯一通过工信部科技成果鉴定的超导带材生产企业，获得了 2017 年上海市技术发明二等奖，成为环形正负电子对撞机（大对撞机）产业促进会的副主席单位。上创超导还与上海电缆研究所合作，开展世界上最长的高温超导电缆示范项目。

在 2014 年，上创超导和上海大学共同申报建设了上海市高温超导重点实验室，并于 2016 年顺利通过上海市科委的验收。自重点实验室成立以来，吸引、凝聚和培养了一批国际一流人才，形成了 56 人的固定人才队伍。其中教授 31 人，拥有博士学位比例为 92%，40 岁以下研究骨干比例为 38%。近三年，一批优秀的青年人才脱颖而出，入选中组部青年千人计划、上海市教委曙光计划、上海高校特聘教授（东方学者）、上海市青年科技启明星、霍英东教育基金青年教师奖、上海千人计划、上海市白玉兰纪念奖等。实验室邀请国际、国内著名学者来访 20 余次，实验室成员应邀参加国内外重要会议或著名研究机构作特邀报告共计 30 余次。

高温超导材料一直被业界看好，但是产业化之路仍然阻力重重，一方面仍有一定的技术难题和短板问题需要攻关，另一方面需要应用市场的跟进。

业内人士认为，随着国家重视和产学研推动，高温超导材料产业化和市场规模化应用破局在即。从俗称"人造太阳"的可控核聚变项目到医疗领域的核磁共振设备，高温超导材料还可应用于智能电网、通信设备、军用舰艇和电磁发射等国防项目，市场前景广阔。日本早已制定了国家层面的超导战略技术路线图，德国、韩国等都已建成投入使用的超导电缆。高温超导材料产业发展具有国家战略意义。美国超导公司和超能公司在 2002 年前后实现了第二代超导材料的产业化并长期垄断市场；2012 年前后，日本、韩国、德国等涌现出多家可量产第二代高温超导材料的供应商。

目前，各国公司都在激烈竞争抢占技术制高点。在第二代高温超导带材的研究上，上创超导采用的是一条直流反应磁控溅射法制备缓冲层、溶胶涂覆法制备超导层的低成本技术路线，适于批量化生产，具有特色和优势。这一技术路线，被业界认为是最适合产业化的工艺路线。世界知名的美国超导公司也是采用化学溶液涂覆技术实现了大规模第二代高温超导带材的市场化生产，成为当今世界上最大的超导带材供应商。

根据规划，上创超导的超导带材产业化及应用器件开发分为建设期、量产期和规模期三个阶段。建设期内，主要任务是加快基带与超导带材量产试产，完善与上海大学联合研发中心建设，强化人才队伍建设。项目完成试产阶段后进入量产期。量产期内，生产规模和性价比得到大幅度提升，市场开发能力大大增强。第三阶段规模期的投入重点在新厂区建设，用于扩大超导带材产能、超导应用产品及相关自主知识产权装备的生产。

不得不说，每一步都蕴含着很多困难和激烈的竞争。"在高温超导带材产业化的道路上，上创超导要获得更好的发展，仍然需要持续的投入，必须培养持续创新的能力。"蔡传兵表示，在引入资本的同时，构建起科研团队持续创新的激励机制迫在眉睫。创新的主体是人才，有效的产学研合作需要很好的体制机制和人才评价及激励政策。

"要在高温超导产业化领域，赶超国际先进水平，在与时间赛跑中争取主动。"薛华实说，"关键是必须清醒认识差距，凸显后发优势，既要高瞻远瞩，又要未雨绸缪。"

近年来国内外依靠上创超导的高温超导材料研发的强磁强电装备相继问世，上创超导的市场规模呈爆发式增长态势。这预示着薛华实、蔡传兵等创业者的梦想即将变为现实。

第九篇

海优威：做全世界最好的胶膜

孙郁瑶

　　长期以来，光伏配套产业受制于外企。2010年，封装用EVA胶膜有50％需从海外进口，电池"背板"的进口量高达90％。外企往往拥有"独门"核心技术，中国企业想破"门"而入，异常艰难。

　　成立于2005年的上海海优威新材料股份有限公司（以下简称"海优威"）就在这样的市场环境下破茧而出，依靠自主研发进入了EVA胶膜等封装材料技术领域。该公司总经理李民坦言，"我们的市场突破，靠的是核心技术。中国企业对市场很敏锐，哪个行业热，企业就追哪个行业，这让'红海'成为常态。但'红海'之前总会有一小段'蓝海'时期。海优威就用核心技术，拼命去追那一段'蓝海'时期，哪怕'蓝海'只存在半年，甚至只有3个月。"

　　海优威专注于新能源、电子、交通、消费等领域的特种高分子膜和粘结材料的研发、生产与销售。海优威不断探索，在行业领域内以研发实力强、技术领先、产品系列全而著称。公司先后被评为上海市科技小巨人、上海市级企业研发中心等荣誉称号并多次获得科技奖项。

海优威坚持"做全世界最好的胶膜"的理念，先后成功开发出了晶硅光伏组件封装用 EVA 胶膜、薄膜光伏组件用 EVA 胶膜、抗 PID 封装用 EVA 胶膜、聚烯烃类封装胶膜、薄膜组件用封装胶膜、光伏组件用背板、高性能背板用氟塑料薄膜等产品，持续引领行业技术发展路径并为行业降本增效作出显著贡献。

2015 年 1 月，海优威在全国中小企业股份转让系统挂牌，挂牌后，募集资金近 2 亿元，公司进入快速发展通道。

光伏配套产业受制于外企

光伏产业发展初期，虽然我国光伏产业装机量一路走高，但光伏的配套产品如材料及设备等一度控制在海外公司手里，行业中绝大部分利润被外企赚走。一位光伏行业的企业家说，"光伏行业一年到头忙得不行，赚到钱的其实是外资和材料厂商。"据不完全统计，在曾经的光伏电池封装行业，只有玻璃、铝框、硅胶等部件，国产化份额较高。其他如 EVA 胶膜有五成需从海外进口，电池背板进口份额达 90%。当时的光伏设备制造行业，海外"垄断"势力更加强大。美国 GT Solar 公司的多晶硅硅片设备（铸锭炉）占了国内 70% 的市场份额。德国 SMA 公司则占据了全球逆变器市场 44% 的份额。ABB 公司、德国库特勒公司等机器人制造商也是光伏电池机械化分拣、搬运及切割相关产品的主要供应者。这些外企往往拥有"独门"核心技术。海优威就在这样的市场环境下，砥砺前行，依靠自主研发进入了 EVA 胶膜等封装技术领域。李民坦言："更多的进入者，必然会使光伏配套市场相关产品的成本快速降低，技术进步也将更快。中国的光伏配套产业只有下大力气研发核心技术，才会像多晶硅、组件一样，不再被海外企业控制。"

海优威公司 2005 年在上海国家级高科技园区——张江高科技园区注册成立，2007 年建立新能源新材料产业基地，选址上海金山二工区；2008 年，中试试验室成立，选址上海浦东合庆镇，太阳能光伏电池 EVA 胶膜产品试生产成功；2009 年，高稳定光缆级 PBT 获得了上海市重点新产品荣誉称号；2010 年，EVA 胶膜生产线正式开车生产，EVA 产品获得上海市高新技术产业化重点项目荣誉称号。

海优威在抗 PID 的 EVA 封装胶膜的研发方面，始终保持全球范围内的领先地位，为行业内光伏组件实现低成本抗 PID 的目标提供了有效的解决方案。据李民回忆，海优威 2010 年进入光伏胶膜行业时，该行业已经有 20 多家同行。作为一个后来者，海优威一直在寻找技能领先时机。2013 年，海优威是全球第一家开发出双 85 测试、1000 小时抗 PID 衰减（抗电致效率衰减）达到 5% 以内的 EVA 胶膜产品，并获得业内普遍认可和使用。至今，海优威生产的超级抗 PID 型 EVA 胶膜依然是业界性能最好的产品之一。

在红海中寻找一段蓝海

增效白色 EVA 胶膜是提升组件效率的关键材料，也是海优威的主打产品之一。增效白色 EVA 胶膜的研发是海优威追寻蓝海的典型案例。

2012 年一次南京光伏展上，李民和当时在正泰工作的专家苏远志相遇，两人热烈讨论如何提高组件发电效率的问题，李民对此

怦然心动。在与行业专家几次交流之后，海优威正式立项增效白色
EVA 胶膜。

研发之路艰难曲折。白色胶膜层压后会翻层到电池片或者焊带
的表面，这使所有尝试使用白色胶膜的组件厂工程师都头痛不已。
在不断的探讨和试验中，海优威似乎解决了白色胶膜翻层问题，但
在大组件试产时发现电池碎片率高、胶膜和电池片背面粘结不好等
新问题。在尝试了各种配方、不同树脂组合以及各种层压工艺后，
仍没能突破，项目研发一度进展缓慢。为了提升组件发电效率，组
件厂不断尝试白色 EVA 胶膜、白色下层玻璃、丝网印刷白线在下
层玻璃表面等各种技术。一些组件厂使用三层 EVA 胶膜，即电池
片下侧使用一层透明 EVA 胶膜和一层白色 EVA 胶膜来避免白色翻
层，但三层 EVA 胶膜间的排气不畅、褶皱无法避免，而且还要降

低层压温度损失产能。即便如此，这个技术在当时还是被很多组件厂视为技术秘诀而严禁外传。

海优威不断拓宽研发思路并大胆尝试新的加工方法和加工工艺，在实验室一一试验，但每种技术都有自己无法克服的缺陷，又被一一否决，最终海优威选择跨界的辐照交联技术。2014年中，海优威第一代产品孕育而出。经过客户多次的试验，验证了使用白色预交联 EVA 胶膜增效和使用丁基胶带提高耐候性的实际效果。产品的实际效果基本符合预期，海优威产品至此基本定型。

做全世界最好的胶膜

海优威没有止步不前，而是依然不断探索，不断完善。通过更多的光伏组件厂的使用和帮助，海优威预交联技术的相关产品越来越完美。李民回忆，"当时没想其他，就是要做全世界最好的胶膜。"

在增效白色预交联胶膜产品的使用过程中，海优威通过大量参数的调整解决了预交联胶膜和玻璃拉拔力不稳定的问题和白色胶膜容易在组件边缘有褶皱的问题，并成功开发出了预交联白色 POE 胶膜、无过氧化物预交联胶膜等更多新技术、新产品。至今，海优威的增效白色预交联胶膜产品已与很多光伏组件公司的组件搭配通过了 TUV、UL、CQC 认证，并且通过了更多更为苛刻的可靠性测试。

如今，白色 EVA 胶膜通过在双玻组件中的应用已扩展到单玻组件中使用。许多日本光伏组件制造公司很早就利用白色 EVA 胶膜作为下层封装材料来提高光伏组件的发电效率。光伏组件通过单

海优威产品

独使用增效白色预交联胶膜产品提升组件发电功率，或者和反光焊带贴膜一起搭配使用提升光伏组件一个功率挡，或者应用到半片高效电池光伏组件中直接功率跳挡。白色胶膜在提高光伏组件功率的同时还可以促进背板结构的简化而降本。这些优点使得海优威率先推出的增效白色 EVA 胶膜得以快速广泛地推广。海优威 EVA 胶膜继抗 PID 胶膜后又成为优质白色 EVA 胶膜的代名词。增效白色胶膜已成为光伏行业组件的标准配置之一。

为了实现"做全世界最好的胶膜"的梦想，公司目前累计申请了 52 项国内外专利，其中授权发明专利 10 项、授权实用新型专利 17 项、授权美国专利 1 项，受理中专利 22 项（其中发明 20 项、实用新型 2 项）、日本专利 1 项、欧盟专利 1 项；已有注册商标 15 个。海优威于 2012 年底负责起草电子行业标准《光伏组件用背板》，经过 3 年多努力，已于 2015 年完成标准内容的制定并上报有关部门，并于 2018 年正式对外颁布实施；2015 年 10 月，海优威承担国家标准化管理委员会项目，负责起草国家标准《光伏组件背板用氟塑料薄膜》；2016 年 5 月，参与修订国家标准《光伏组件封装用乙烯—醋酸乙烯酯共聚物（EVA）胶膜》（GB/T29848-2013）；2016 年 5 月，参与制定国家标准《晶体硅太阳电池组件用聚氟乙烯绝缘薄膜》（国标计划编号：20141293-T-604）。

海优威生产的 EVA 胶膜已获得 TUV、UL、VDE、CQC 等机构的认证，是晶科能源、天合光能、晶澳、协鑫集成等多个国内大型光伏组件生产商的合格供应商。近年来，公司经营规模发展迅速，企业规模和市场占有率不断扩大，目前排名全球前三、国内前三、上海第一。

每个转弯点，都领先半步

如果说对于技术的执着追求让海优威有了在光伏配套产业安身立命的根本，那么新三板的挂牌，则让海优威蓄势腾飞。挂牌后的海优威，一方面精进工艺、扩大产能，另一方面横向拓展、持续发展。

海优威所处的光伏配套行业几起几落，企业抗风险能力尤为重要。2007 年，中国超越日本成为全球最大的光伏发电设备生产国，虽产能巨大，但苦于"两头在外"而掣肘于人，为行业发展埋下了巨大隐患。2011 年末，受欧债危机影响，全球贸易保护主义兴起和遭受欧美"双反"调查，全球光伏发电新增装机容量增速放缓，我国光伏制造业陷入阶段性产能过剩，产品价格大幅下滑，全行业陷入困境。直到 2013 年，受益于国家相继出台的产业扶持政策，我国光伏产业才逐步回暖。近年来中国光伏产业的发展远超预期。到 2017 年底，累计装机已超过 130GW，并在光伏产业链的主要环节取得了突破性增长，在全球市场的占比超过 70%，牢牢占据世界领先地位。2018 年 6 月 1 日，财政部、国家发展改革委、能源局联合发布了《关于 2018 年光伏发电有关事项的通知》（以下简称"5·31 新政"）。因降补贴、限规模的力度超出预期，被称为史上最严光伏新政。

李民表示，2017 年投资光伏发电站项目 4 至 5 年就能收回成本，补贴政策导致行业投资回报率过高。"5·31 新政"之后，光伏行业补贴削减，行业面对新一轮洗牌，中小企业越来越困难，资金与风控欠好的企业将被淘汰出局。"有大型光伏组件厂近期预估，光伏组件价值很快能到 1.5 元 / 瓦。假如组件价值真到了 1.5 元 / 瓦，光伏发电项目自身就具有市场竞争力，市场空间反而会大大增加。"基于如上对光伏平价上网（平价上网是指光伏发电的上网电价与主流发电方法火力发电上网电价相当）的预期，李民认为行业调整短期影响公司利润，但能换来行业持久向好。

在光伏行业摸爬滚打了多年，海优威已经习惯在起起落落的行业情况中不断寻找以技术为核心的领先优势。行业几轮周期颠簸下来，公司逆势成长，已成为光伏胶膜细分市场规模前三名。另外，海优威通过和行业重要客户合作建厂的新模式，和客户结成紧密的合作伙伴，提高市场份额，让公司羽翼更饱满，抗市场风险能力更强。

固然外界对起起落落的光伏行业颇有微词，但李民认为海优威应该感谢光伏行业。光伏行业市场容量大而且增速很快，以胶膜细分市场为例，2017 年全球市场容量已经接近百亿元。海优威伴随着光伏行业的成长，实现了快速的规模化，这为海优威扩展到其他行业奠定了坚实的基础。

行业大起大落会带来风险，为持续稳定发展，海优威不断拓展电子、半导体、交通、消费等应用市场。公司在江苏镇江规划了电子膜及特种膜出产基地，筹划未来 3 至 5 年，公司将形成以新能源产业为基础，以电子、交通、通信、消费等产业为新的增长点的发展格局。

"我们聚焦以光伏行业形成的核心技术去拓展非光伏行业，坚决不做无关多元化"。李民坦言，"海优威力求在每个转弯点，都领先半步"。

海优威，不忘初心，持之以恒，做全世界最好的胶膜。

LONG ZHOU
上海龙洲新型建材有限公司

第十篇
上海龙洲：匠心呈现水泥的另一种方式

王志琴

　　"这个看起来像皮革一样的材料，实际上是用水泥做成的，不仅可以防水，还非常有弹性，很容易就能把它卷起来。"在上海龙洲新型建材有限公司（以下简称"上海龙洲"），总经理朱建强一边演示着该公司专利产品 PCS 无机材料基卷材，一边如此介绍这种专利产品的不同之处。

　　作为一种传统建筑工程材料，水泥在人们印象中的作用就是用来盖各种房子的。人们也常常用"钢筋水泥森林"来形容现代化的大城市，其实，水泥的作用远不止这些。在现代社会里，水泥与现代建筑紧密相连，没有水泥，就没有今天的世界。从某个层面来说，水泥使建筑行业完成了一次本质性的跨越，大跨度桥梁、海底隧道、高层建筑、水库大坝都离不开水泥。

　　尽管水泥在日常生活发挥着重要的作用，但它总给人一种灰灰土土的感觉，很难和创新、科技等高大上的词汇联系在一起。然而在上海龙洲，我们却看到了水泥不同以往的存在方式——像皮革一

样的防水卷材、像大理石一样的彩色混凝土现浇地面，完全颠覆了
以往人们对水泥的想象。

围绕水泥做文章

21世纪之初的2000年，上海龙洲新型建材有限公司在原上海
龙洲装饰材料厂基础上成立。彼时，包括总经理朱建强在内的骨干
人员不曾想到，就是这家规模不大的企业竟然能够在后来的岁月里
成为上海市高新技术和专精特新企业、黄浦区企业技术中心，并在
国内高分子—无机复合材料的研发生产应用技术和品质方面居于领
先水平。

企业之所以能够在21世纪之初就建立起来，朱建强认为这与
当时中国石油化工集团有限公司改革的魄力分不开。彼时，中国石
化正在经历着一场变革。从1998年底到1999年7月，中国石化提
出整体上市思路，通过调查研究、制订方案，筹备上市工作。中国
石化按照主业与辅业分离、优良资产与不良资产分离、企业职能与
社会职能分离的原则，对业务、资产、债权债务、机构、人员等实
施全面重组，集中主业和优质资产，独家发起创立了中国石油化工
股份有限公司。这样一场改革，也改变了朱建强和他同事的发展轨
迹，使得他们从每天在实验室搞科研的研究人员转变为一家企业的
经营者、管理者。那时候，原本在中国石化上海石油化工研究院高
分子室工作的朱建强和他的几位同事被"鼓励走出来闯一闯"。靠
着自筹的30万元启动资金，朱建强和同事们成立了上海龙洲装饰
材料厂。

回顾起最初的时光，朱建强坦言之前因为一直从事石化研究工

作，对市场行情了解不多，究竟要往哪个领域去发展，成了摆在他和同事们面前的一道难题。幸运的是，一次偶然的机会，让上海龙洲的团队参与到房地产行业中来，也正是那次参与，使得他们把目光锁定在建筑工程领域，利用自身的专业优势专注于建筑工程领域的新材料、新工艺的研发与市场应用服务。

千禧年之际，伴随中国经济的高速增长，快速城镇化极大促进了房地产市场的繁荣，房地产行业处于新的上升运行周期。同时政策面的扶持和市场的活跃为房地产企业创造了良好的经营环境。火热的房地产发展也使得水泥、钢筋等建筑材料需求量大增。那时有建筑商找到了上海龙洲，询问他们的工厂能否生产乳胶漆。这对毕业于华东理工大学和浙江大学等高分子化工出身的朱建强和同事们并不是一件特别难的事情，在几次实验后，他们做出了符合客户要

求的乳胶漆。

也正是在这个实际参与的过程中，喜欢钻研的朱建强开始注意到已经盖好的建筑中可能会出现水泥渗漏的问题，"可能是施工的问题，或者材料的问题，甚至可能是物业管理的问题，总之我们发现建筑渗水的问题非常大。"水对任何物体都能造成侵蚀，建筑物在长期被水侵蚀的情况下，混凝土的结构可能会被破坏，就像滴水穿石一样，改变了原有建筑的坚固程度，从而造成很多隐患。如果不解决、不预防建筑渗水的问题，对建筑物的牢固、居住人的健康，以及外表的美观都有很大的影响。

有没有什么办法来解决水泥的渗漏问题？虽然当时朱建强他们还没有想到具体的对策，但是内心中却不断激荡着一个声音，"我们要为社会做点事情，并且尽可能多做一点。"一种使命感的召唤，让上海龙洲的创业团队下决心要用更好的产品来改善水泥渗漏的问题。于是，在实际的工作中，他们开始把目光放在了不引人注意的水泥身上，科班出身的他们很快就发现了回归到改进水泥本身居然大有文章可做，"水泥改性优化、多功能化是当今研究的热点和难题，高性能水泥基材料是关系社会进步、经济发展和国防建设的战略性基础材料，所以我们决定回归水泥本身。"朱建强说。

1796 年，英国人 J. 帕克用泥灰岩烧制出了一种水泥，外观呈棕色，很像古罗马时代的石灰和火山灰混合物，故命名为罗马水泥。这种水泥具有良好的水硬性和快凝特性，特别适用于与水接触的工程。1824 年，英国人约瑟夫·阿斯普丁（Joseph Aspdin）发明了用黏土和石灰煅烧而得到水泥的方法。用这种水泥制成的混凝土硬化以后，硬度、外观和颜色跟当时英国波特兰岛上所产的波特兰石很相近，因此取名为"波特兰水泥"。波特兰水泥具有优良的建筑性能，在水泥史上具有划时代意义。

作为一种无机材料，朱建强向我们介绍，水泥有很多优点，"抗压强度高、成本低，而且环保"，然而在实际运用中却有一个致命的缺点，"水泥抗张强度差，导致建筑本身容易开裂，长期下去就会渗水"。如果长期渗漏，会对建筑的稳固性造成严重的不良后果。

一般来说，建筑物质量的好坏，由材料、设计、施工和管理维修这 4 个环节决定，其中材料是最大的影响因素。那么能不能通过材料的改善来解决水泥渗漏的问题呢？答案是可以的。那时候，同质同材的理念给了朱建强很大启发。朱建强说："我们从材料工程师的角度来说，在材料工程方面，世界上一个共识就是一样东西如果能够同质同材，材料的老化程度基本相同，比如小到一台电脑大到一台汽车或者建筑物，最好的情况是里面的材料材性都一致。这样是对材料的最大利用。在建筑方面来说，水泥是盖房子最需要的材料，如果用水泥做防水材料，可以实现同质同材。"

在这个思路的启发下，朱建强和他的团队提出了新的设计思想，让水泥从过去以强度为主改变为耐久性为主。经过一次次研发试验，最终通过聚合物改性使水泥基材料刚柔复合，抗渗防水，综合性能提高。由此，上海龙洲推出了一系列水泥基创新产品，包括水泥宝防水材料、屋得宝水泥改性剂等。如今，上海龙洲围绕着水泥开发出了众多产品，包括 PCS 无机材料基卷材、施乐特（Sealent）无机材料地坪封固防砂材料、超高性能混凝土 UPHC、防核辐射非金属材料等，这些创新产品已经广泛应用于化工工业、建筑工业、核电建设、交通运输、道桥建设、海洋工程以及船舶工程等领域。合作的对象包括上海建工集团、中国石化、中国建筑、上海路桥、上海机场集团、上海城投、中海地产、中国船舶工业集团公司、江南造船集团、中船重工等企业，并受到这些客户的认可。

以市场为导向的自主创新

在上海龙洲建立的近 20 年来，最让朱建强感到骄傲的企业核心竞争力是能根据市场的需求，结合企业自身专业背景、行业积累经验等实际情况进行新产品、新工艺的开发创新，并取得不俗成绩。"根据我们企业自身的切身体会来说，企业创新一定要抓住市场的热点，包括我们现在的创新产品也是根据这个思路来开发。"对于创新，朱建强深有体会，他表示，"企业创新一定要根据企业本身的条件，再结合市场的情况来开发，人云亦云是做不好创新的。"

因为敏锐的市场观察和前瞻性考虑，早在企业创立之初，朱建强和他的同事们就意识到水泥不仅仅可以用来盖房子和修路，还要优化水泥的性能，让水泥有更多的用武之地，于是他们推出了具有防水功能的系列水泥产品。凭借着一款款新产品的推出，上海龙洲很快在建筑工程领域脱颖而出。2002 年上海龙洲成为上海市首批 JS 聚合物防水涂料准用证获得者，并参加了国家防水标准的起草制定。2003 年龙洲水泥宝防水材料被列入上海市科学技术委员会面向重大工程用关键材料的重点科技攻关计划。

其中，由上海龙洲自主创新、自行研发高新技术产品硅酸盐防水材料——龙洲无机材料宝 PCS 格外引人注目。水泥结构会因为有裂缝而漏水，而朱建强他们运用用水止水的逆向思维，研发出针

施乐特地库

对水泥裂缝的产品水泥宝防水材料，这种材料在化学作用下将水分或湿气吸收并膨胀，从而充分填充裂缝，达到防水的目的。据朱建强介绍，"裂缝自愈功能"是龙洲水泥宝防水材料特有的，这款产品也因此获得了国家发明专利授权。

水泥宝系列涂料和卷材一经推出就受到了市场的认可，销售量连续3年在上海位列第一，全国前三。如今，上海龙洲已建成目前国内唯一年产100万平方米的水泥基卷材生产线。除了由此带来的经济效益外，更让朱建强感到自豪的是，PCS无机材料基卷材不仅达到了国际先进水平，更是填补了国内空白。

在尝到了创新带来的甜头以后，上海龙洲的整个团队并没有因此停下前进的脚步，而是再接再厉，不断推进着新产品的研发。

随着渗水问题的解决，上海龙洲的研发人员又开始向阻燃这个难题发起了挑战。我们知道，在现代社会里，火灾一旦发生，会对人的生命和财产造成很大的影响。为此，上海龙洲研发了一款具有阻燃性的专利产品——无机材料地坪封固防砂材料，朱建强表示，这种产品集合了无机材料和高分子聚合物的优点，在延长水泥地坪使用寿命的同时，更是能够阻燃。随后，他们又将这种技术应用到其他产品上，使得上海龙洲的产品多了一分竞争力。

在企业的发展岁月里，凭借着敏锐的市场判断和优秀的产品，上海龙洲先后参与完成了上海虹桥交通枢纽、2010 年上海世博会中国馆及浦东国际机场及大型经适房基地等国家级重大工程的建设，并取得了骄人的成绩。"我们的产品应用很广，包括上海虹桥交通枢纽高架道路 1400000 平方米、世博会中国馆地坪 16000 平方米、嘉闵高速公路 500000 平方米、崧泽高速公路 150000 平方米、北翟高速公路 180000 平方米、浦东国际机场 T2 航站楼 40000 平方米等，这些工程建设中都用到了我们的产品"。其中最值得称道的是，这些产品经上海建筑材料及构件质监站、同济大学等权威检测单位多次测定，各项主要技术指标均达到并超过国家有关标准。

出众的产品特性也使上海龙洲得到了社会的认可。2009 年龙洲水泥宝产品获上海市自主创新产品认定，虹桥交通枢纽唯一指定材料供应商。2010 年龙洲水泥基复合材料获上海市科学技术进步奖（排名第一），列入上海市政府高新技术产业化重点支持项目计划；龙洲施乐特（Sealent）封固剂在上海世博会中国馆地坪应用取得成功并获上海市世博会嘉奖。2011—2012 年《新型节能阻燃涂料生产线扩建和技术改造》获上海市重点技术改造支持项目。2013 年《用于硅酸盐材料的新型封固剂（Sealer）研发及示范应用》列入上海市引进技术的吸收与创新计划。

也就是在 21 世纪的前十几年里，凭借着这些优秀的产品，上海龙洲顺利完成了企业的转型升级，从单纯地为房地产行业提供材料到为国家重大工程建设提供支持。而这种改变也与"十二五"的发展要求相符合。"十二五"期间，水泥工业在转变发展方式、促进经济结构调整、实施"创新提升，超越引领"发展战略、推动科技创新与进步、提升发展水平、加快节能减排和绿色发展与"走出去"等方面取得了长足进步，水泥行业呈现出结构调整与转型升级向纵深转折，发展向中高端和高端发展转变。

近几年，是我国实施制造强国战略的重要时期，对水泥行业来说，也是推进水泥工业供给侧结构性改革，促进结构调整、转型升级向纵深转折的一个重要时期。围绕着国家调整的方向，上海龙洲有了新的研发目标，将研究的重点放在了核电防辐射复合材料领域。在研发过程中，上海龙洲的研发人员根据防辐射屏蔽原理和稀土材料的特性，开发了防核辐射屏蔽防护稀土功能复合材料，合理的配方使防辐射材料兼具中子减速和吸收作用。2017 年，上海龙洲入选上海市工业强基关键基础材料第一批支持项目《核电建设用防辐射非金属材料》和上海市创新产品推荐目录。

让产学研为创新更好地服务

作为一家有着近 20 年历史的企业，令人想不到的是，上海龙洲的规模并不大，包括它的员工人数，如今只有 38 人。但就是这样一家体量不大的企业，在创新方面却有不俗的表现。到目前为止，上海龙洲已经获得国家发明专利 6 件，其中 2 件获上海市专利新产品的认定，上海市优秀发明二等奖、上海世博会用材贡献奖、上海市自主创新产品和上海市高新技术成果转化项目的认定等荣誉，并获得 2012 年度上海市科技进步奖。

　　之所以能取得这些成绩，朱建强为我们揭示了其中的关键所在——与高校和其他科研单位进行产学研合作。"实事求是地说，什么都靠企业自己来研发这肯定是不切合实际的，在企业发展中必须要开展产学研合作。我觉得有一个合作平台很重要，因为企业也不能什么事情都自己做。企业只要抓住核心的突破口就可以了，然后再找可靠的单位合作。我们背后有那么多学校和科研院所支撑，这些都是我们的资源。"

　　产学研相结合，是科研、教育、生产不同社会分工在功能与资源优势上的协同与集成化，是技术创新上、中、下游的对接与耦合。创新离不开知识与技术的交流和转化。作为欧洲领先的创新大国，德国企业在创新过程中以多种形式从外界吸取灵感、获取推动，而高校与科研机构就是其重要合作伙伴之一。在我国，从 20 世纪 70 年代开始，政府就已经意识到法律和政策对产学研结合的重要性，初步尝试推出了一系列法律法规和政策，在推动我国产学研结合的发展过程中起到了重要的作用。2006 年，国务院发布《国家中长期科学和技术发展规划纲要（2006—2020 年）》，把产学研结合作为"建设中国特色国家创新体系"的突破口，明确了产学研结合的战略地位。

　　可以说，在当今世界的经济成长中，科技创新日益重要，产学研结合是晋升自主创新能力、顺应科技经济一体化趋向的必然要求。从企业发展的角度来说，在朱建强看来，这种合作能够促进科研成果更快地转化为成果，推动企业更快更好发展。"我们具有专业的知识背景，同时又有行业和市场的相关经验，所以对市场上一些需要解决的问题我们能比较快地想到。这之后，我们就需要跟行业里面有关的高校来进行研发，一起推动科研成果快速转化为产品。"遵循着这样的发展思路，上海龙洲在这些年里先后和同济大学、中石化上海石化研究院、上海市政工程设计研究总院、江南造船（集团）研究院、上海师范大学上海民防建筑设计研究院等单位签订了战略性产学研合作协议。依靠着这些单位的研发实力，上海龙洲加快了产品迭代升级的脚步，使得企业生产的产品始终保持着良好的市场竞争力。

同时，上海龙洲也凭借着自身的优势，为这些高校和科研院所的研发提供了支持。目前上海龙洲技术中心总投资已达 1230 多万元，其中包括 600 平方米标准的实验室和产品质量检测室，研究开发用仪器设备，检测设备 20 多台（套）；1000 平方米中试场地，中试生产线 3 套。过硬的技术实力使上海龙洲成为中国石化上海石油化工研究院产学研一体中试基地、上海师范大学产学研示范基地、上海市政工程设计研究总院合作研发单位。企业带头人朱建强也先后围绕水泥研发撰写发表多篇论文，包括《新型桥面防水粘结材料聚合物水泥基（PMC）的性能研究》《混凝土桥面铺装粘结层技术指标探讨》《一种新型的水泥地坪封固剂》等，并获得优秀论文奖。

朱建强常说，"不是人人都能办得了企业，要有一种为社会奉献和服务的胸怀，只有这样每个人才能找到自己的定位"。秉承着这样的初心，朱建强和他的团队十分看重企业所带来的社会效益。在企业的发展过程中，一方面产品围绕着"绿色环保"的宗旨来开发；另一方面，在企业发展过程中稳扎稳打，一步一个脚印往前走，从不盲目追求扩大产能。朱建强表示："这可能跟我们的专业背景有关系，因为我们团队里都是研究者，所以我们从来都不喜欢干产能的问题。有些企业赚钱以后可能马上就扩大产能，我们则是一个反例。我们认为扩大产能应该由想做的人去做，而我们就专注这个领域、做好自己的产品，这同样也是为社会作贡献。我们就这么义无反顾地做下去，从来不考虑每年要赚多少钱。"

因为朱建强和他的团队最早从事的是研究工作，那种严谨细致扎实的作风以及学者执着钻研的精神深深影响着他以及团队的骨干，促使他们在企业的发展中踏踏实实一步一个脚印往前走。一直以来，因为热爱着自己所从事的事业，朱建强和他的团队坚持着在自己熟悉的领域不断耕耘，力争把产品做得更好。虽然在经营当中，也曾面临着成本增加、市场萎缩、销售渠道难以拓展、人才流失等压力，最艰难的时候为了企业资金运转甚至把自己的房子做了抵押，但是他们却从未动摇过要做好产品的决心。对于企业未来的发展，朱建强更是充满了信心，"我们有初心、恒心和信心，期望未来3—5年内成为国内水泥复合材料领域 R&D 技术领先者，成为细分行业隐形冠军"，谈到企业的未来发展，朱建强如是说。

第十一篇

华峰超纤：产业链再造塑品牌

黎光寿　　刘　丹

　　进入上海华峰超纤材料股份有限公司（以下简称"华峰超纤"）的大楼，在一楼左边装饰得尊贵典雅的展厅里，参观者会看到陈放着琳琅满目的展品，有挂在衣架上的时尚服装，有摆放在展柜里的高档皮鞋，还有摆放在角落里的高档皮沙发，甚至墙壁上也包了厚厚一层精致的皮。如果没有人提示，参观者按照传统观点去分辨是否是真皮的时候，往往难以辨识。

　　这些都是华峰超纤生产的超纤材料的终端应用成品。在没有进入这个展厅之前，如果觉得天然皮革时尚、品质高，是可以理解的，但在这里参观一圈之后，心里的许多疑惑会骤然解开。联想到光鲜亮丽的天然皮革制品背后血淋淋的虐杀以及皮革加工过程中所带来的环境负荷和对健康的威胁是多么的触目惊心，让人无法释怀。

　　如果有人能提供一种天然皮革的可替代材料，具有对环境更多的尊重、对生命更多的敬畏，同时，无论从质量还是从手感来说，丝毫不亚于天然皮革，您会考虑选择吗？还要提醒您的是，一些世界著名的品牌如阿迪达斯、耐克等，已经纷纷采用了这种材料，做出来的产品精美绝伦，已经在明星群体中成了一种流行潮，您会考虑选择吗？

华峰超纤就是多年来始终专注于超纤材料的一家企业。该公司在超纤材料领域，占据了领先的国内市场份额，成为距离中国人生活最近的企业之一。

超纤行业的领导者

据华峰超纤常务副总经理赵鸿凯介绍，该公司2002年成立，目前是国内专注于超纤材料、具有明显产销规模优势的企业，产品销售覆盖全国20多个省区市，出口到40多个国家和地区。华峰超纤拥有包括革用PU树脂、超细束状纤维纺丝、无纺布、含浸以及贴面、染色等所有超纤产品涉及的工艺研发、生产能力。

20世纪90年代，中国消费市场觉醒，在浙江海宁、慈溪、余姚一带形成皮革产业，几乎垄断了全球真皮制品的制造业务，但皮革加工污染环境严重，政府的管理越来越严格，再加上真皮制品又遭到爱护动物人士的抵制。这样一来，就给人造皮革留下了空间。

赵鸿凯介绍，今天的人造皮革的技术主要来自日本。1970年日本东丽公司开发了聚酯超细纤维，随后日本可乐丽公司开发了尼龙超细纤维，旭化成公司开发了聚酯超细纤维，三菱公司开发了化纤超细纤维以及聚丙烯超细纤维，日本帝人公司1994年开始生产尼龙超细纤维。

此后，由这5家日本公司主导的超细纤维合成革生产，开始在全球开拓及巩固市场，产品从高档衣料材料扩大到鞋类、箱包、家具和汽车等领域，人类社会开启了真正意义上的超细纤维时代。早期的人造皮革，在其规模、成熟度和应用方面都存在问题，给消费者以"假冒伪劣"的印象，但现在的人造皮革早已不可同日而语。

中国在 2000 年前后开始接触人造皮革，上海、浙江一带陆续有企业投入人造皮革的制造，华峰超纤也正是在 2002 年成立，并一直专注于该领域的研发。经过多年发展，华峰超纤已经从原来 2 条生产线扩大到现在的 12 条超纤材料生产线，2016 年的超纤产量已达到 3600 万米，成为国内超纤市场的龙头企业。

超纤主要应用在哪些方面呢？赵鸿凯介绍，目前主要应用于民用领域，包括汽车、家具、服装等领域。作为超纤市场的龙头标杆，华峰超纤现在的生产规模已经与国内同行第二梯队的企业拉开

了相当大的差距，并不断追寻更加广阔的市场。华峰超纤不仅是国内较大的鞋用和沙发用超纤供应商，也是国内为数不多的汽车座椅用超纤一级供应商。

其中家具和汽车的市场份额超过了产品总销售额的 50%，国内的客户主要集中在福建、广东、浙江以及西南地区，对口长安、大众、比亚迪等整车厂直接销售。在境外，华峰超纤的市场主要在东亚、东南亚、意大利及美洲等几十个国家和地区，销售的主要产品为环保型阻燃汽车内饰基布、超细纤维绒面布、劳保鞋用布及超细纤维鞋里衬等。

在服装鞋帽和箱包领域，华峰超纤主要通过经销商模式，直接或间接配合包括耐克、阿迪达斯、安踏、李宁、奥康、康奈、迪卡侬等品牌客户，为其研发和生产超纤材料等有关产品。

华峰超纤财报显示，近几年的超纤市场保持着每年 20% 左右的增长量，主要增长范围在产品的应用方面。比如汽车行业的应用，以及办公室装饰、软床包等，其中，汽车和家具的应用增长比例增大，服装应用增长比例较小。超纤材料目前来看仍属于新兴产品，因此市场份额基数不算高，但其应用面已向着越来越广的趋势发展，增长的势头不容小觑。

真皮应用的替代者

华峰超纤材料已广泛应用于运动、休闲生活和工业产品等众多领域。由于超纤材料对真皮产品具有极强的替代性，超纤材料的市场需求总量持续增长。数据显示，全球真皮年消费 10 亿平方米，合成革年消费 40 亿平方米，增量市场主要在合成革这一边。

华峰超纤产品

　　超纤材料是一种用超细纤维做成的新型高档人造皮革，其原材料通常来自石油化工，主要是石油化工产业链下游的聚乙烯和尼龙等通过化学反应和物理加工，做成无纺布类型的原料，给下游企业进一步加工使用。赵鸿凯告诉记者："超纤材料有自身的一些比较好的特性，它的气味性、环保性都比真皮好。"

　　赵鸿凯介绍，华峰的超纤材料与世人口中的"假皮革"有着本质区别——无论从内部微观结构，还是外观质感，甚至从物理特性、人体舒适性等方面，不仅最大限度地还原真皮优良的触感和舒适度，还在弹性、强度、防水、防霉变、耐寒、耐磨、耐酸、耐碱等性能上全面超越真皮。

真皮的碳物质纤维用尼龙纤维来替代，碳物质弹性体用绝缘纸弹性体来替代，从仿真角度上讲，它的工艺设计是按照真皮的结构来设计，其纤维结构也是可控的。

超纤材料比一般的纺织品牢度要好，主要性能已经接近真皮产品，部分性能指标甚至优于真皮，质量上更轻，无论是做汽车内饰及家装，在物理性能等各方面都比真皮好，是替代真皮的优选材料，而人们所熟知的高档汽车，内饰材料大多已使用超纤材料。

从环保角度看，超纤材料在生产过程中对环境的影响更小，消耗的资源更少；从工业意义上来看，超纤材料充分利用了非自然资源，更加适用于现代化规模生产；从价格上看，超纤材料只有真皮价格的1/3，对天然皮革的替代趋势已经越来越明显。有专家表示，超纤材料或许将成为未来人造合成革市场的主导产品。

资料显示，在很多发达国家，高档超纤材料的价格已经超越了真皮产品，不少著名的奢侈品品牌都在产品中大量使用超纤材料，由此提升了产品的性能，受到了大批消费者的青睐。而由于污染太重，对水资源、环境、气候等影响较大，无论是汽车内饰、家装，还是服装鞋帽和箱包领域，使用真皮的已经越来越少了。

海岛型超纤非织造基布（俗称"超纤材料"），是继PVC（聚氯乙烯）、PU（聚氨酯）后的第三代人工皮革。其上游行业主要是MDI、聚酯多元醇、尼龙6（PA6）、聚乙烯（LDPE）、DMF、甲苯等化工原料制造行业，其中聚酯多元醇的主要原材料为己二酸（AA）和小分子二元醇。下游行业包括制鞋、服装、家具、手套、球类以及汽车、火车内饰等。一旦大规模普及，必然会对传统皮革行业产生较大影响。

据赵鸿凯介绍，超纤材料全球产能不足2亿平方米，全球真皮年消费 10 亿平方米，合成革年消费 40 亿平方米。从数据上说，真皮市场的萎缩正在助推超纤材料市场的崛起，超纤材料未来的市场空间极其巨大，发展前景极其广阔。

再造产业链贯通上下游

据介绍，在轻工皮革生产加工领域，中国一年的总产值大约为几万亿元，在 2000 年到 2010 年之间，甚至有的年份会达到 10 万亿元。但如果把范围缩小到合成革生产加工领域，就只有上千亿元的规模了，进一步缩小到超纤原料的生产，一年的市场规模大约就在 150 亿到 200 亿元左右。

赵鸿凯介绍，中国超纤材料的市场中，高端市场的 70％到 90％都由日本企业占领，众多国内企业难以望其项背。而中国企业失去的这部分市场，其规模一年大约 100 亿元。剩下的才是国内企业共同的市场，大约有 50 亿元的规模，其中华峰超纤 2017 年的营业收入约 25 亿元，占了国内企业收入的一半。

为何日本企业能在中国占据高端市场呢？是因为人造皮革的技术起源于日本，日本 5 家公司掌握了核心技术，在特殊应用研究上也取得更多成果，在品牌美誉度和品牌知名度上也比中国企业更有优势；而中国企业在技术拓展性上做得不够，产品的应用研发上做得不够，就产品卖产品，不能给客户提供更好的解决方案。

华峰超纤之所以能在国内同行中比别的企业做得更好、规模更大，首先是公司在技术上长期领先于国内其他同行企业，其次是华峰超纤将生产过程中的十几道工序全部集中于一个产区，提高了生产效率，而业内多数企业仅仅专注于某一个环节，每一道工序都可能建一个工厂，生产结构十分复杂，提高了成本，降低了效率。

"在技术进步上，我们比别的工厂要好很多，有一个优势就是上下游可以贯通、协同开发"，赵鸿凯介绍，华峰超纤的生产线所涉及的专业比较多，覆盖了纺织、化工等很多行业。"我们公司基本上从技术角度研究多，从市场营销和使用的研究角度反而少，这个是中国的企业目前明显的弱项。"

"国内整个超纤行业规模相对较小，大部分的企业都停留在对原材料的加工这个范畴，难以作出产业链的延伸。"赵鸿凯坦率地表示，作为目前的"单项冠军示范企业"，华峰超纤也存在过度强调技术、对下游的应用开发研究不足等问题，而缺少市场营销意识已然成为阻碍整个中国企业进一步发展的通病。

然而，近年来全球产业再次发生转移，许多轻工业从中国转移到东南亚国家和非洲，国内皮革制品的总产值已经呈现出下降趋势，如果华峰超纤要进一步提高超纤的附加值，就得将其上下游协同开发，特别在下游超纤的应用方面，比如做成鞋和包，成为时尚潮流的引领者。

"过去企业做一个产品，开始要从技术发展方向去考虑，但其实这个东西最终是要面对消费者的，需要了解消费者的消费心态等各方面。"赵鸿凯表示，华峰超纤已经认识到了这个问题，"我们现在只能在超纤的加工技术和发展这方面做一些深入的研究，下游的应用研究还是比较差的，对应用宣传我们也做得不多，没有人弄这个，不过现在已经认识到了这个问题。"

知情人士透露，华峰超纤近期正在参考日本企业，向电子应用转移，推出相关的超纤耐磨材料。未来的华峰超纤，将继续立足于超纤材料本身的特点和优势，开发更多新的功能性应用领域，使超纤产品成为更高档、更环保的产品。但要完全贯通超纤的上下游，打造一个完整的产业链，对华峰超纤来说，并非是一朝一夕就能达成之事。

品牌决定未来

赵鸿凯认为，中国的企业发展已经不能再拘泥于原始的生产阶段，将生产、销售、服务形成一整套有效的产业运行机制才是生存之道。目前超纤材料对整个行业来说，还是一个新生品，需要接受较长时间的市场考验。但在技术层面，华峰超纤不断研发更为先进的超纤材料，并坚持技术不断创新；在营销层面，华峰也在持续发力，力求找准最佳营销方式，为进一步打通下游应用产业链而努力。

但华峰超纤也面临不少的挑战。首先是消费观念难以转变。赵鸿凯说，中国人的消费观念往往是认为真皮好，不是真皮制造就是假冒伪劣，而欧洲消费者更加注重产品的用途，只要性能和功能比真皮好，就算是布制也乐意接受，一个布包比皮包价格更高是不足为奇的。"这个布包有好的品牌，它的布功能性和别的材质做得不一样，所以它就值那个钱，因此大家都去买。"

第二个挑战是国内企业品牌投入不足，这个投入包括资金、人力以及宣传理念等。"不能投入""不敢投入"已成为中国企业在品牌投入中的普遍现状，而没有投入，始终是难以收获的。小农思想在中国根深蒂固，企业以自身生存为第一要义，在品牌宣传上不敢下大功夫，无法像耐克、阿迪达斯那样"用钱堆名誉"，赵鸿凯说。反观耐克、阿迪达斯、肯德基、麦当劳以及迪士尼，这些成功的国外品牌成为企业走品牌营销之路的经典案例。品牌作为无形资产不仅有助于为企业吸引大量顾客，同时也是企业实现价值增值，走可持续发展道路的必要之策。

赵鸿凯认为，中国现在主要的问题是创新不足，尤其是品牌投入不足，结果就是哪里火了，大家就往哪里挤，形成恶性竞争，最后都没挣到钱。"企业自主创新意识匮乏，难以为品牌创造很大的影响力，随着劳动力、环境资源等成本日益增大，大多企业只能选择维持现状或压缩规模。"

正是认识到了国内企业发展的严峻形势，华峰超纤也在着力寻找一条适合自己的道路，坚持技术创新，构建以创新为核心的品牌战略。在销售方式上，华峰超纤也一改过去简单的"买—卖"模式，加强了配套服务，着重向消费者阐明产品的用途与方式，让客户更加了解产品的价值。

多年来，华峰超纤以技术创新不断进行产品工艺上的改进，并不断向环境友好方向靠拢，通过技术进步、产品品质提升，从而增加产品的附加值，缓解成本增加的问题。为了让华峰品牌得到进一步传播，华峰超纤也在探索利用互联网技术贴近市场，运用互联网技术创造出全新的需求。

华峰的"高仿真吸湿透气鞋里衬用超纤皮的开发和应用"被全国工商联评为2016年民营企业项目类科技成果二等奖，"安全防护鞋用超纤合成革"被列为上海市重点新产品计划，"定岛超细纤维服装面料的质量攻关项目"获得上海市质量振兴成果三等奖。

在人员积累上，华峰超纤执行年轻化的策略，华峰大楼里有许多朝气蓬勃的年轻工作者；在公司规模扩大上，华峰超纤不通过同行并购的方式实现扩大，而是在主业上依托公司力量创新，不断挖掘潜在竞争力，通过资金和时间的沉淀，积累优秀团队，让公司稳步发展。

DLG® 德朗能

第十二篇

德朗能：永远比人快半步

黎光寿　吴瑞馨

在上海奉贤区城郊，金钱公路上的一片工业区中，几栋高大的厂房有序地排列在一片方方正正的土地上。工厂的西边和南边都有河，河里时不时会有船经过。如果不是有人指点，从这个厂门前经过多少次，都不会对它有深刻的印象。

这里是中国动力电池的领先企业——上海德朗能动力电池有限公司（以下简称"德朗能"）所在地。该公司主要从事电芯制造以及产业链中下游系统集成业务，产业涵盖动力锂离子电池、电池控制系统、民用电池及相关产品的研发、设计、生产、销售及服务，是国内知名的绿色新能源解决方案供应商之一。

2018 年是中国电动汽车爆发的一年，特斯拉到上海设厂的消息引爆了舆论和投资界，与新能源汽车有关的行业广受追捧，一些新上市的新能源汽车概念股被炒成百元股。但德朗能却泰然处之，不急不躁，认真做技术研发和难点攻关，将产品送到客户手中。

德朗能的客户，主要是国内新能源汽车生产企业。德朗能总经理陈瑶表示，德朗能生产的电池在国内新能源汽车行业中已拥有较好的口碑。2017 年，德朗能营收达到 13.5 亿元，从规模上看，德朗能在国内三元圆柱动力锂离子电池领域跻身前十，但从技术上看，德朗能在三元圆柱动力锂电池领域的技术比别人领先半步。

多位博士归国创业

德朗能是一家纯粹的高科技企业，浑身上下都流淌着科技的基因。原因是这家公司的创业团队，从一开始就属于典型的"高知"团队——因为对动力锂离子电池的研究和梦想，多位博士从不同的国家回国，创立了德朗能。

其中，高学锋博士从日本回来，擅长材料的前瞻研究；陈瑶来自澳大利亚，回国前已经是国际知名的锂电池专家。多位博士受校友吴江峰之邀，先后回国，共同创办了德朗能。

吴江峰在哈工大学习电化学材料，师从"中国二次电池之父"王纪三，是国家第二批"万人计划"科技创业领军人才之一。他的职业理想是拥有一家自己的公司，成为世界级的电池专家，为全球提供绿色能源的解决方案。

在成立德朗能之前，陈瑶一直从事动力电池的研究，1997 年还代表哈工大与香港上市公司哈尔滨光宇集团合作，共同研发镍氢电池，在深圳建立了深圳力可兴电池有限公司，成为当时国内最大的镍氢电池公司。在完成与哈尔滨光宇合作的深圳力可兴项目之后，陈瑶选择远渡澳大利亚继续深造，在澳大利亚卧龙岗大学完成博士学位，并在大学中从事锂电池研究。2008 年回国时，陈瑶已经是一个国际领先的锂电池专家。

他们将自己创建的公司起名为"德朗能"，"德"意在向德国制造看齐，同时做有德企业，以诚信为本；"朗"意在创建努力向上、积极阳光、有明朗未来的团队；"能"兼顾从事的是新能源行业和努力能够达到之意。几位创始人具有互补的知识结构和遍及全球的人脉网络，使德朗能的研究开发一开始就始终与世界同步，这也成为德朗能发展的核心和动力。

几位创始人进行了分工，牵头人吴江峰担任董事长，高学锋负责材料的前瞻研究，身为创业团队中唯一女性的陈瑶做起了总经理，全面负责公司管理。在此基础上，德朗能逐渐聘请了拥有电化学、电子学、机电工程、自动控制和计算机专业知识的 50 余位国内名校精英构成的年轻团队，在上海奉贤区开始了自己"撸起袖子加油干"的生活。

坚持走技术创新之路

最初，德朗能团队的想法是在一个特色上做到极致，做好一个产品，做好一个领域，做好一个细分市场。2007 年，德朗能和美国 K2 公司合作将自己研发量产的磷酸铁锂动力电池销往美国新能源汽车市场，成为国内最早实现该产品量产并远销欧美的厂商之一。

2009 年，德朗能成立专门的动力电池部门，专门从事动力锂离子电池的研发和制造。在被视为中国新能源汽车元年的 2014 年，公司在国内率先将 18650 三元电池做到 2600MHA 容量的企业，并由此迎来了产业投资。

2016 年上海德朗能动力电池有限公司出资成立了宁波奉化德朗能动力电池有限公司。一期固定资产产线投资 5 亿元，引进了两

条国际最先进智能化全自动圆柱动力锂离子电池生产线。设计日产能为 50 万只。

2017 年，公司在国内率先实现批量生产的 NCA18650—320 电池以 257.39Wh/kg 的能量密度，达到了特斯拉目前市场上的 Model—S 的电池水平，该电池通过国家强检认证，0.5C—1C 充放电循环可达 1000 次，单体能量密度达到 257Wh/kg，在国内排名第一。

目前，德朗能拥有数量众多的国内外客户，除新能源汽车行业外，客户对象还包括电动助力车、家庭储能、户外储能、医疗器械等领域。

德朗能先后在上海、深圳、张家港、宁波、天津设立生产基地和销售中心。旗下推出次世代、德朗能、DLG、德朗、DLG Power 等品牌，其中 DLG、次世代、德朗能在电子消费类行业品牌知名度极高，并在海外多个国家注册及推广。

发展过程弯路不断

对于一个没有企业运营经验的团队，要想做好一个企业，是一件十分不容易的事。德朗能的团队成员尽管都是高级知识分子，但发展过程也是弯路不断。

德朗能最早走的弯路是选址。作为国内第一家圆柱锂电池企业，最早的选址就需要在珠三角和长三角之间选择，德朗能的团队预测，新能源汽车将会是未来几年电池市场发展的重点领域，长三角的汽车工业和重工业众多，并处于国内领先地位，同时考虑到上海的国际品牌效应，最终将厂址选在了上海。

"从融资的角度看，上海是大型民业、外企、国企的天堂，但是却并不适合中小民营企业的生存发展"，陈瑶说，上海并没有像广东那样的多途径融资渠道，一个企业仅靠自身的发展非常缓慢。"买地建厂已经花掉了手上大部分资金，技术研发却还要大量投入，更严重的是，原本在深圳只需半年就能建好的厂房，在这里却用了一年半时间。"

德朗能走的第二条弯路是人才。对于一家高科技公司来说，最重要也最核心的部分是人才。德朗能发展之初，对自己的管理不太自信，为了建立人才队伍，德朗能引进了"职业经理人"。德朗能 2010 年请来了一位台湾的上市公司总经理担任职业经理人。这位职业经理人是瑞典皇家工学院 MBA 毕业，在高新技术领域很有名，本身的行业也和德朗能相关，又在上海工作多年，德朗能认为他一定能胜任这个工作，但最后这位职业经理人败走麦城。

"这位职业经理人是一位优秀的管理者，但他不属于我们这个细分行业，我们厂里都是内地的员工，他管理起来有些水土不服，无法融入我们团队，导致矛盾积累，最后大爆发。"在付出了 1000 多万元的"学费"之后，德朗能团队很快收回了对企业的管理权。

陈瑶告诉记者，在收回管理权之前，觉得管理是一件很复杂的

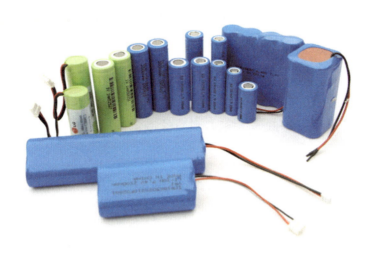

德朗能产品

事情，在收回管理权之后，发现管理并不像想象中那么难，"最关键的问题是我们熟悉锂电池行业，沟通成本比较低"，团队算是暂时稳住了。

不过随着时间的推移，管理团队还发现公司骨干团队人员流动比较大，"我们自己培养的人很难留住，我们做了很多工作，对主团队成员释放股份，让他们当自己的事业做"，团队又再次稳定下来。在管理上建立自信之后，德朗能的经营不再摇摆，管理逐渐走上正轨。

永远比别人快半步

德朗能在技术控制上，采取的办法是——永远比别人快半步——如果技术领先过多，市场还没有完全打开，反而容易让人复制技术；如果慢了，市场已经是红海，又不能享受技术带来的红利。"而我们这个领域往往就赢在那半步上"。

从高校走出来的德朗能团队，对高校拥有先进实验设备但没有具体研发方向的境况深有感触。对于缺少资金的德朗能来说，高校无疑是最佳的产品和技术研发场所。因此，第一件事情就是联合高校院所，借用其领先的研发能力和测试设备做研发，然后公司进行产业化。

德朗能先后和上海交通大学建立 DLG 上海交大先进电池联合实验室，与澳大利亚卧龙岗大学联合开发先进电池并获得澳大利亚政府的资助，与上海大学、郑州大学联合开发新型电池材料。还与美国排名前三的能源公司联合开发汽车电池 BMS 系统。

通过美国回来的博士，德朗能成功从美国引进和运用硅碳负极新材料；通过日本归来的博士，引入 MXG 研究所研发的陶瓷隔膜，在 2014 年成功利用特殊的陶瓷隔膜解决锂电池安全性的问题，实现量产。德朗能的电池在当时的新能源汽车领域供不应求。

技术问题解决了，接下来的问题是专利保护。在陈瑶看来，德朗能的工作，就是要把科研产品转化成商品，这首先是要选择好符合未来市场发展方向的目标产品，随后是用专利的方法保护起来，最后才进入生产流程。

"我们这样靠技术生存的企业，如果没有专利保护，在知识产权上会碰到很大问题，我们唯一能做的是通过专利把已经形成的技术保护起来，让我们生产的时候不被投诉"，陈瑶表示，"专利其实只是一个概念，是要往前抢的，可能永远也用不上，一旦拥有了就有制衡后来者的权利"。

陈瑶举了一个例子：磷酸铁锂的两大核心技术分别掌握在加拿大魁北克水电公司和美国 A123 公司的手中，涉及出口北美市场的磷酸铁锂要交纳大量的专利费，德朗能在与郑州大学合作研发新的磷酸铁锂粉技术后，为避免最后被加拿大魁北克水电公司和美国 A123 公司投诉，便快速注册了专利。

在专利保护的思路下，德朗能成立近 20 年以来，共获得 55 项专利，其中发明专利 22 项，实用新型专利 30 项，外观专利 3 项。这些专利逐渐支撑起了德朗能作为一家科技公司的技术基础，让德朗能在竞争激烈的中国市场上如鱼得水。

在政府层面，德朗能也获得了从国家到地方的肯定。公司先后被评为国家最具自主创新能力中小企业、国家创新基金优秀科技型中小企业、国务院重点华人华侨创业团队、上海市科技小巨人培育企业、上海市科技小巨人企业、上海市品牌企业、上海市专精特新中小科技企业等。

德朗能先后在江苏张家港、浙江宁波、山东济宁设立了生产基地。目前，德朗能已经发展成为拥有上海德朗能动力电池有限公司、上海德朗能电子科技有限公司、上海德朗能新能源有限公司、深圳德朗能科技有限公司、山东德朗能新能源有限公司、山东德朗能电子科技有限公司等的集团公司的一个产业集群。

第十三篇

上海昌强：每次创新都是创造历史

黎光寿

再有一年，即 2020 年，安徽淮北平山火力发电厂二期将并网发电，创造世界发电史上的煤耗新低——251 克／千瓦时。而创造该纪录的公司申能集团控股上海外高桥第三发电厂（以下简称"外三"）曾以 287.44 克／千瓦时、282.16 克／千瓦时……276.02 克／千瓦时等低供电煤耗不断刷新世界纪录。

现有超超临界机组中的蒸汽温度已达到了 600℃，电厂煤耗普遍在 300 克／千瓦时左右，极低值就是申能集团安徽淮北平山火电厂的 251 克／千瓦时；今天，全球正在挑战 700℃的大关，如果能够实现，燃煤电厂的煤耗将进一步降低到 234 克／千瓦时。但挑战过程中遇到了不少麻烦，特别是在材料方面，困难重重。

但好消息是，制造锅炉所用的重要部件之一 U 型分叉管耐高温锻件已经在上海取得突破，正依托华能南京电厂 2 号机组进行建设。"传统的 U 型分叉管通气率只有 70%，但我们的新工艺能让这个分叉管通气率达到 97% 以上，从而大幅度提高效率。"上海昌强工业科技股份有限公司（以下简称"上海昌强"）董事长周菊明介绍。

"外三"掌门人、淮北新燃煤机组的主要设计者冯伟忠表示，700℃的技术主要就在管道，放到锅炉上后，高温高压管道的长度就只是原来的10％至20％。而上海昌强，解决的就是管道的接头部位——人们看不到，却又关系到整个系统成败的关键部位。

被封锁逼出来的创新

走进上海昌强，首先映入眼帘的是各种各样分叉的大规格管道接头，然后才是起重机和厂房。能一眼看出这个企业与其他企业不一样的地方，就是那些数量众多的管道接头，这些接头有分叉管，还有其他多通异型管，等等。这些管道接头，都是上海昌强在超超临界发电站发展过程中创新的成果。

在20世纪90年代以前，普通的火力发电厂煤耗为457克/千瓦时，即发一度电需要457克标准煤耗，但超临界锅炉技术的问世，将火力发电的煤耗进一步压缩，目前中国燃煤发电厂的平均煤耗为380克/千瓦时，中国技术最先进的华能、大唐、华电、国电、电投等五大发电集团的煤耗也在300克/千瓦时到330克/千瓦时的水平，如果700℃机组能够实现，全球电煤能耗将进一步降低到234克/千瓦时。

中国火电之所以能取得这么好的成绩，完全就是被"逼"出来的。2004年，中国首台引进日本巴布科克—日立公司技术制造的国产60万千瓦超临界锅炉投入商业运行，标志着中国电站锅炉从亚临界机组迈进超临界机组。然而，引进电站锅炉技术实现机组国产化并不能解决大量锻件的国产化问题，西方制造业强国对中国大

型锻件实行技术封锁，严重影响了中国超临界电站锅炉技术的发展和应用。

中国作为人口大国，经济发展日新月异，对能源的需求也连创新高，被所谓先进技术引进卡脖子，是不能被接受的，已经迈出去的步伐也不能停止，于是国内企业的技术创新与突破就应运而生。

上海昌强，只是中国千万个创新实体中的一员，解决的是火力发电站和核电站的重要锻件问题。周菊明发现，在电站锅炉领域，中国处处面临国际垄断，一举一动都要付出艰辛的代价。他带着一腔情怀，在2002年成立了上海昌强，决心解决中国电站锅炉产品和技术被国外垄断的难题。

上海昌强成立以来，周菊明和他的研发团队先后研发出异型多通管件、模锻吊攀、模锻U型分叉管、模锻球形封头、模锻三通、模锻阀体、模锻过渡管、模锻转子风扇、模锻弯头、集电环风扇、精整倒角扁钢等锅炉配件，原材料从普通合金钢、不锈钢发展到高端F91、F92，产品被大量应用在国产600MW超临界、1000MW超超临界机组，部分产品完全取代进口。

和其他中国制造一样，其多款产品打破了国外垄断，为国家节约了大量投资，帮助国内厂家大幅度降低了成本，有力促进了国产电站装备走出去。异型多通管件就是一个很典型的例子，实现国产化之前，从德国进口每套折合人民币500多万元，上海昌强开发成功后，售价仅70余万元，仅约相当于进口产品价格的1/8。

随后该公司陆续开发出六通、八通、十四通、十六通、三十二通等系列产品，满足国内市场的同时，还成功出口。经权威机构查新，上海昌强开发的部分电站配件类产品技术处于国内领先，并达到国际先进水平。在上海昌强产品蓬勃发展的过程中，原先垄断中国市场的德国某企业失去了价格竞争力，选择了退出中国市场。

围绕电站锅炉做革新

作为一家在火电站和核电领域不断创新的公司，在多通领域，上海昌强做了哪些革新呢？我们沿着周菊明走过的路复盘一下上海昌强，看看他们有什么神奇的制胜之法。

异型多通管件在普通人看来就是一个怪物般的存在，是超临界锅炉的重要部件，用于将管排焊接拼装成整体，单个管排的管接头数量达 300 至 400 个，对异型多通管接头拼排面中心距、垂直度、直线度要求非常精确，50 米累计误差不能超过 0.5 毫米，对管件通道孔的加工精度要求也很高。过去，国外厂家一般采用数控加工中心加工异型多通管件，价格非常昂贵，中国没有生产能力，只能高价从德国进口。

中国引进超临界锅炉技术后，为了摆脱关键部件对国外的依赖，节约宝贵的外汇，上海昌强独辟蹊径，开发出可使用普通机床加工异型多通管件的夹具，技术精度和生产速度媲美进口产品。

电站设备大量采用的高温、高压三通，原三大电气有偿引进的是 CE（美国燃料工程公司）技术，该技术是采用三通最大外径的管子，最少需要经过 8 到 12 次成型、整形。加工周期长，更换模具频率高，且在三通 R 角位置应力最集中。该技术的特性决定了壁厚被减薄。另外，由于技术的局限性，造成三通中心高度受到限制，致使现场焊接带来许多不便，因而焊接质量受到影响，再因为该技术的支管高度短造成焊缝与三通 R 角这两处的应力集中区距离短，对产品质量造成不良影响。

上海昌强现在生产的三通，采用三向六功位机床 15 分钟就可锻挤压成一件三通，支管中心高，可比常规产品高度增加 120—300mm，三通 R 处厚度大于其他各部位，从而使得产品质量、性能、效率、经济性等指标大幅度提高。目前，国内国外许多重要工程指定上海昌强产品，该锻挤压技术目前是全球唯一。

吊攀是大容量电站锅炉中大量使用的铰接元件，数万吨的锅炉通过众多吊杆悬吊在锅炉构架上，吊攀起到承重吊杆与锅炉各负重点间的铰接作用，质量要求非常高。国际上要求吊攀必须采用锻

36000 吨压机

件，且必须做无损探伤和拉力试验，原电站锅炉行业均采用自由锻胎模锻的方式，一般小件五火成型，20 千克以上的七火成型。

周菊明介绍，该工艺有很大不足，由于加热次数过多，一方面导致成本高、效率低，每班次只能生产 4—10 件；另一方面多火次锻打易造成碳等元素损耗，影响产品质量，导致产品表面质量差、尺寸误差大，返修率、报废率高。更为严重的是，该件对国内企业来说，只能说是初步解决了国产化的问题，但大件还不能生产。

这项锻件到了上海昌强手里，采用中频加热一火次成型工艺，效率极高，每班次产量达到 240 件以上，且精度高、表面质量好，成本仅为原工艺的 1/3。权威机构查新发现，该工艺"总体达到国内国际领先水平"。

U 型分叉管大量用于电站超临界锅炉水冷壁高温、高压水蒸气输送，原设计要求壁厚为 12mm、压力为 20.8MPa，国外厂商采购技术要求明确写明"不宜焊接"。然而，在 2003 年之前，国内外同类产品全部为焊接件，焊缝处强度差，存在破裂、爆管的安全隐患。上海昌强独创 U 型分叉管整体模锻技术，产品整体成型，不会爆管，制造成本只有焊接工艺的 50％—60％。在爆破试验中，上海昌强壁厚为 4mm 模锻 U 型分叉管产品临界爆破压力达到 140MPa，仅以 1/3 的壁厚就达到了原设计指标 7 倍的强度。

集电环风扇是电机中起输入、输出电流和换向作用的重要部件，一般采用铜浇铸精加工而成。其工作转速一般为 7200 转 / 分，高转速对性能要求很高，然而浇铸件机械性能较差，直接影响电机的使用寿命。为了克服现有制造工艺的不足，上海昌强开发出了集电环风扇模锻工艺，一次锻造成型坯体后数控加工出风扇叶片通道。与原有技术相比，采用模锻方法制备的集电环风扇，机械性能明显提高，延长了集电环的使用寿命。

核电重器国产化

核电是一种新型能源，但由于中国经济发展迅猛，国内产业介入较晚，早期的核电完全走的是引进的路子，后来经过中国企业的消化吸收，才研制出拥有自主知识产权的部件，中国核电才逐渐获得出口的资格。

上海昌强在核电领域的表现，主要处理的是一些难度系数比较大的部件。上海电气凯士比核电泵阀有限公司（以下简称"凯士比"）的核电主泵试验台大型弯头是一项具有代表性的突破。

该大型弯头是核电主泵试验台必需的重要部件，早在 10 年前，凯士比就准备开发核电主泵试验台，其大型弯头直径达到1320mm，但由于技术所限，凯士比向其德国合作方咨询，德方向其推荐了当时还极不知名的上海昌强。上海昌强对该弯头进行细致研究后认为，要在锻制锻管时预置弯制时的壁厚变形量，才能确保弯制出来的弯头内外径管壁厚度一致，从而有效提高弯头承压能力，并降低管壁厚度不均导致的破裂爆管风险。终于，在上海电气同行的质疑眼光下，上海昌强利用该弯制技术25分钟一次试制成功，管壁厚度匀称无折叠，各项指标均优于设计要求，售价远低于上海电气旗下某重型机器厂产品。

有了前期的合作积累和技术积累之后，2016年4月，上海昌强全资子公司上海昌强重工机械有限公司与上海电气凯士比核电泵阀有限公司签订了联合研发核电主泵（CAP1400、AP1000）空心模锻泵壳协议，共同研发新一代核电主泵空心模锻泵壳。

泵壳是核岛一回路中主冷却剂泵设备的关键零部件，随着核电机组设计寿命的延长及安全等级的提高，其零部件的质量等级要求更加严格。第三代核电机组设计时，泵壳结构由铸件逐步改进为锻件。这对全球锻造企业来说，既是一次挑战，更是一次机遇。

但尴尬的是，包括拥有最先进锻造技术的日本制钢所室兰工厂在内，全球主要锻造企业由于装备局限，只能采用自由锻的方法锻成实心泵壳锻件，再通过后期加工成空心泵壳，机加工量很大，生产周期长，同时导致金属纤维被切断，综合性能下降。还由于实心泵壳锻件为特厚大锻件，厚度达2100mm左右，大截面超厚锻件细化晶粒和热处理难题难以解决，热处理后晶粒度、强度、冲击韧性等重要指标偏低。

上海昌强则在自主研发建造36000吨超大六向模锻压机之

后，研发了核电主泵泵壳空心模锻工艺，让空心模锻一次成型，保证了金属纤维的连续性，大幅节省了原材料，锻件最大厚度只有695mm，只有自由锻实心泵壳锻件厚度的1/3，加热时间大幅缩短，锻件各部位力学性能和组织性能指标均保持在优秀水平。

上海昌强六向模锻工艺和传统自由锻工艺锻造核电主泵泵壳对比

	传统自由锻工艺	上海昌强六向模锻工艺	对比
锭重	143000 千克	65465 千克	节约原材料 54%
锻重	83300 千克	40915 千克	减少机加工量 50%
切削余量	60020 千克	17635 千克	减少机加工量 70.6%

周菊明介绍，上海昌强的新工艺满足了核岛装备高可靠性和长寿命的要求，同时大幅降低了成本和制造周期，原上重金加工需12个月，现只需4个月不到，符合中国及世界核电快速发展及第三代核电主泵提高质量降低成本的需要。

结束舰艇舵柄依赖进口的历史

上海昌强的锻造技术还应用在船舶工业上。

2012年，一艘具有划时代意义的大船加入中国装备行列，但该大船的舵柄采用传统铸造工艺，在一次远涉重洋的旅程中，曾因内部缺陷导致断裂。用户非常不满意，对配套的新舵柄强度和可靠性要求格外苛刻。该舵柄重达20余吨、外形复杂，强度要求极高。但偌大的中国，居然找不到符合新标准的合格舵柄生产商。

舵柄是舰船重要的航向控制部件，其可靠性对舰船的航行安全具有非常重要的意义，特别是大型战斗舰艇航速高、惯性大，性能指标要求更高。尽管中国是世界第一造船大国，但长期以来，中国舰船的舵柄主要靠从国外进口，对国家经济安全和海防安全都构成隐患。于是，客户将目光对准了上海昌强。

周菊明介绍，客户之所以看中了上海昌强，就在于该公司拥有成熟的锻压技术，还有一台正在安装的36000吨六向模锻压机，该锻压机在世界同类产品中锻压能力最大，拥有完全自主知识产权。它的特点是可切换自由锻和六向模锻两种工作模式，在地面移动工作台上实现自由锻，在地面以下六向模锻区实现六向模锻，最大自由锻和模锻工件分别达到100吨和60吨，垂直向下和左右两侧的最大压力均达到18000吨。

该锻压机通过六向施压和一火成型新工艺，锻件金属流线分布更合理，锻件形状尺寸接近成品，节约原材料30%以上，大幅缩短热处理和机加工的时间，在节能降耗方面具有显著的优势，降低了产品价格，综合性能远超国内外采用传统铸造和自由锻工艺制造的同类产品。工信部2017年第15期《重大技术装备简报》还对该装备做了报道。

接到项目合同后，行业内的各种质疑纷至沓来，甚至包括客户内部的专家也投来怀疑的目光。但周菊明清楚，这个项目意义十分重大，能完成这个项目，就能实现船舶舵柄的国产化，彻底解决中国舰船依赖国外舵柄的问题。上海昌强一方面抓紧安排工艺研发和模拟，另一方面日夜加班安装设备和制造模具，很多员工春节放弃和家人团聚，也要参加突击。在质量控制上，从原料采购时就采取双份下料、互为备份的方法，避免了风险因素对交货期产生的重大影响。

在上海昌强的努力下，2017年2月，36000吨锻压机及舵柄专用模具安装顺利完成，首次开机，就成功完成了全模锻舵柄锻造任务。3 月初，产品顺利通过首件鉴定和专家评审并交付，客户检验结果也显示，该舵柄各项指标远超设计要求，各关键部位安全系数最低值也超过设计要求的 2—3 倍。后来，全模锻舵柄制造工艺被评为上海市军民融合专项项目。

在造船领域，上海昌强还研发建造了中高速柴油机曲轴专用 6300 吨六向模锻压机。该压机可以锻造最长 12 米、最大重量 9 吨的中高速柴油机全纤维曲轴。周菊明介绍，以 9G32 型柴油机曲轴为例，相比传统的错拐法锻造工艺，可以节约原材料 35%，减少加热时间，锻造效率提高 53%，还大幅减少后期机加工时间和切削量，确保关键受力部位不被切割，保证了纤维的完整性。

另辟蹊径成就卓越

"在空心模锻领域，我们是走在国际前列的。"周菊明介绍，六向模锻压技术是上海昌强的独家技术，在电站锅炉多通管件及核电站泵壳等领域产品的建造上，实现了空心锻造和一次成型，既减少了材料和燃料的消耗，也最大限度地保留了金属纤维，提高了产品的强度。

目前，全球大型锻件生产企业主要集中在日本、德国、法国、美国、韩国和中国，产量约占世界总产量的 70% 以上。中国有 100 多家各种大型锻件及相关制品生产企业，共有 2500—4500 吨和 6000—12500 吨大中型自由锻液压机合计约 40 台，年生产能力 90 万—100 万吨。

日本制钢所室兰工厂是国际公认的最先进的锻压企业，其拥有 80/100MN 水压机（MN 为力学计算单位，1MN 是 1000kN（千

集电环风扇

牛))、120MN 规格的专用筒节油压机等，主要工作内容为自由锻、单向模锻，其年锻压能力为 12 万吨，整体技术水平世界领先，具有百万千瓦级以上核电站压力容器的能力和技术。该公司的最大锻件 350 吨，最大不锈钢锻件 210 吨。

德国有两家在世界上有影响力的锻件企业，分别是布德罗斯特钢股份有限公司和萨尔锻造有限公司。前者拥有 55MN、20MN 规格的自由锻液压机，采用自由锻的方式，主要生产电站、重型设备和工程机械大锻件，最大可锻 140 吨钢锭；后者拥有 60MN 规格的锻造液压机，采用自由锻的方式，主要生产电站、轧辊、工程机械、超合金、特种材料等大锻件，可镦粗 160 吨电渣锭。

韩国斗山重工集团（DOOSAN）也是世界锻造领域的一个重要企业，该公司拥有 130MN 规格的压机，主要采用自由锻、单向模锻的方式制造锻件，年产锻件 14 万吨，生产能力世界最大，具有代表性的产品是电站整体低压转子用超纯钢，达到世界先进水平，最大钢锭达到 500 吨，用于 1000MW 核电低压转子锻件，交货重量 170 吨。公司在压力容器上（包括核电站反应堆压力壳、化工加氢反应器）也有很强的实力和业绩。

美国在锻造领域有伊尔伍德城锻造厂，其设备只有 25MN 和 40/45MN 的自由锻液压机，锻造方式为自由锻和单向模锻，其 40/45MN 压机开档宽度 3658mm，最大镦粗高度 3556mm，有 10 个工位的换模装置，最大锻件重 38.6 吨。

当然，如果拿国外的锻压机跟中国比，差不多只能是"玩具"级别，中国有 4 家公司可以算是锻压领域里的顶级企业。

中国第一重型机械股份公司拥有 15000 吨、10000 吨、6000 吨自由锻水压机及 4500 吨快速锻造油压机，锻造方式为自由锻，锻件年产能 24 万吨，是国内最大的重型压力容器制造商，也是最早实现锻焊结构热壁加氢反应器国产化的企业，占有国内加氢反应器市场的 90%、国内核反应堆压力容器市场 80%。其最大单个锻件 400 吨。

中国二重集团（德阳）重型装备股份有限公司，拥有 800MN 模锻压机、160MN 自由锻压机，其锻造方式为自由锻和单向模锻，大型电站成套铸锻件是该公司拳头产品，最大锻件 400 吨。而上海重型机器厂有限公司拥有 120MN 水压机、165MN 油压机，主要采用自由锻的方式制造百万级火电机组汽轮机转子、百万级核电机组核岛主设备、大型支承辊和大型船用曲轴等大型铸锻件。

周菊明介绍，上海昌强单向模锻压机规格仅为 8000 吨和 6000 吨的水平，并不占优势，但独辟蹊径研发制造了 36000 吨、6300

吨、3000吨的六向模锻压机，年产各类大型自由锻、模锻件4万吨，最大自由锻件100吨、模锻件60吨，能全模锻锻造核电主泵空心泵壳、大型船用低速柴油机曲拐、中高速柴油机曲轴及火电、核电、石化压力容器、压力管道元件、船舶海工装备关键结构件等。

上海昌强就是这样在不断的创新中砥砺前行，在一次次成功的进口替代中发展壮大。站在新的起点上，周菊明正率领他的团队，不忘初心，牢记使命，向着更大的目标奋进。

第十四篇
上海电科集团：智能时代的弄潮儿

陈　曦

　　2010 年上海的夏季似乎格外炎热，成千上万的游客从全国、全世界各地涌入上海，聚集到黄浦江两岸。沿着黄浦江蜿蜒的江水，154 个各具特色的展馆在炙热的阳光下矗然而立，形成了面积约 5.28 平方公里的世博园区。

　　直到现在，人们回忆起世博会时，依然能够记起当时如织的人潮和人们高涨的热情。根据记录，在世博会期间，园区共计参观人数高达 7300 多万人，单日参观人数最高更是超过了 103 万人。但大多数人不知道的是，在长达 184 天的世博会期间，上海在没有限流、没有限号、没有禁止外地车辆进入的情况下，保障了整个城市交通的有序运行。而在这场"秩序保卫战"中功不可没的，是一套软件系统——上海交通综合信息与服务平台，这套系统出自上海电器科学研究所（集团）有限公司（以下简称"上海电科集团"）。该软件系统是其"智能交通"系统中的重要成果。

　　上海电科集团董事长陈平谈起世博会时，神情依然有些激动：

"当时领导们就说，每天这个城市平白增加了几十万甚至上百万人，那对一个城市来说，难以想象将给它的交通会带来什么影响。"在当时，上海电科集团承接下了这个艰巨的任务，成功保障世博会期间的交通顺畅运行。这套系统获得了"国家科技进步二等奖"，成为国内乃至世界交通智能化管理的成功典范。

在经济转型中涅槃重生

从国家的归口研究所，到如今变成年产值超过 20 亿元的集团公司，上海电科集团的成功转型不仅是一家企业的成功，更是中国经济时代变化的缩影。

在计划经济时代，上海电科所的科研计划来源于国家，研究成果无偿转让、行业共享，为中国的电器、电机行业发展打下了坚实的基础。1978 年，改革开放开始，一股新的氛围在沉闷了许久的中国大地上蠢蠢欲动。1992 年，中国改革开放的总设计师邓小平南方谈话后，一场更为彻底的改革正在市场中孕育。在科研领域，国家开始减拨给研究所的经费，研究所逐步面向市场。

到了 1999 年，全国科技体制改革，10 部委下属的 242 个应用研究所属地化、企业化。上海电科所转制为科技型企业，国家不再划拨经费，企业只能自给自足，研究所的科技成果需要市场买单，就必须抓住市场的痛点，迎接市场的挑战。2004 年，上海电科所实施体制改革工作，正式更名为如今的"上海电器科学研究所（集团）有限公司"。

除了对市场需求的把握，如何留住人才也是上海电科集团遇到的难题。在改革开放后，外资企业进入中国，并迅猛发展，其员工的收入比国内企业高出几倍。在此冲击下，传统研究院所的人才流失严重。回忆起当时的情况，陈平说："我们研究所确实变成了外企人才培养的摇篮。"

　　经费减拨、外企冲击、人才流失，给当时的电科所带来了前所未有的压力。难则变，上海电科集团坚持市场、效益的思想，并改革分配制度、奖惩制度、用人制度、升迁制度，将薪酬不断向有能力、有绩效的人倾斜，才逐渐吸引人才留下来。现在的上海电科集团已经形成了完善的金字塔型人才培养机制，按照技术序列和管理序列，每两年对人才进行一次评审，建立了业绩和能力双导向的薪酬增长机制，以及各类人才的长期激励制度。目前，上海电科集团以及控股子公司的企业员工已超过 2000 人，在其中，专家技术人员已经超过 70%，拥有中高级职称的人才超过了 30%，为上海电科集团的发展奠定了良好的人才基础。

现任上海电科集团董事长的陈平，在 1986 年分配到上海电科所，他见证了上海电科集团在整个改制过程中的涅槃重生。陈平所在的自动化分所是当时研究所转型最典型的例子，他形容当时的自动化分所为"万金油"：可以给电器电机做自动化，也可以给钢铁行业做自动化……这也同时意味着"自动化"并不是研究所的主流研究方向，于是，当转制的号角吹响，处于"边缘地位"的自动化分所成了研究所减拨经费最多、最早面向市场的部门。"要么自己找到出路，要么就拆分给其他部门。"这样的处境倒逼着自动化分所在市场上寻找出路，最终看到了智能交通的广大市场，在这场"不生即死"的战役中生存下来，并逐步发展壮大，在 2008 年独立成为上海电科集团旗下最有实力的子公司——上海电科智能系统股份有限公司（以下简称"电科智能"）。

智能交通的先行者

时间倒回 20 世纪 90 年代初，上海电科所自动化分所的研究还集中在电气自动化、钢铁自动化、化工自动化等方面。在当时，他们在分析部门业务时，观察到一个现象：当时所里在给大众汽车做自动化解决方案，在之前一年所做的汽车才一两千辆，而此时一年所做的汽车已经高达 1 万辆。上海电科所敏锐地感知到中国对道路交通建设的迫切性，然而，道路不可能一直建，如何提高道路的利用率将是未来更重要的问题。于是，在几番探讨下，"智能交通"的雏形——道路交通数字化的构想开始呈现在科研人员的脑海里。

尽管自动化分所之前有过工厂数字化的实例，但道路交通却是一个完全陌生的领域：车速如何检测、流量如何计算、占有量是什么标准、什么程度才算交通拥堵，而这些数据之间相互又有什么关系……自动化分所开始投入大量人员从最基础的数据入手，开始不断做测试、试验和调研。

1993 年到 1994 年，上海建设内环线，上海电科所迎来了发展的重要契机——与铁路部电气工程局联合搭建上海内环线路监控系统。于是，在上海电科所的日夜奋战下，第一个拥有自主知识产权的快速道路监控软件和设备诞生了，成为高架快速通道监控系统的"中国第一"。至今，陈平还保存着一份关于上海开工兴建内环高架路的报道。

这套系统的成功，为上海电科所在业内奠定了基础，同时在交通领域的研究得到迅速发展。陈平告诉记者，到现在，上海超过60%的公共交通、90%以上的高速公路、近 100%的快速道路的交通信息化管理系统，以及上海浦东国际机场、虹桥机场的交通枢纽信息管理系统，都出自上海电科集团旗下的电科智能，"这对上海出行的安全、快速、便利，起到了非常好的作用。"

2010 年上海世博会开园前夕，一切准备工作正在如火如荼地进行，人们对这个象征着国家软实力的园区充满了期待。而在上海电科集团内，工作人员步履匆匆，显得比往日更加急切——他们接到了一个艰巨的任务：对道路交通信息进行采集、分析和发布，并每天为政府提供第二天的客流预测数据。

这个客流预测数据有多重要？它将直接影响世博会交通的保障措施、世博园内的安全保障以及供给安排等等方面，如果处理不得当，就很有可能牵一发而动全身影响整个世博会的进程。

在世博会期间，坐在监控电脑前的工作人员严肃、谨慎，电脑屏幕是自主研发的"上海交通综合信息与服务平台"，以及源源不断汇入平台的数据，他们通过对比、大数据分析等一系列复杂计算，在当天晚上向上海市政府提供第二天的客流预测数据。在世博会长达 184 天的举办时间里，系统成功把每日的客流预算误差都控制在 5% 以内，为采取合适的市政交通保障措施提供了准确的依据。

随着云计算、大数据技术的不断发展，上海电科集团的智能化数据采集及分析系统也更加完善，为交通信息查询、公安交通集成调度指挥、高速公路监控与管理、大桥隧道综合监控管理等提供了智能化、信息化的解决方案，电科智能公司的业务范围覆盖全国 20 多个省（自治区、直辖市）。

在未来，上海电科集团的"智能交通"还有一个重要的发展方向——智能网联汽车。上海电科集团与上海嘉定区政府、同济大学联合成立了上海智能网联汽车与智慧交通工程技术研究中心，希望通过对现代通信与网络技术的研究，实现车、人、路、后台等智能信息的交换互享，最终实现无人驾驶的新一代汽车。陈平说："聪明的路搭上聪明的车，怎样做到车路的协同，是我们正在研究的……虽然这个过程艰辛，涉及大投入、大变革，需要技术、经济、法律、人们认知的共同变化，但是我相信这一定是智能交通领域一次革命性的进步，也是我们的下一步规划。"

从传统电器电机到智能制造

尽管上海电科集团在智能交通领域已经成为业界翘楚，但它的老本行却是传统的电器和中小型电机行业。

发电厂发出的电，从电厂到达普通家庭只需一瞬间，但在输送期间，却需经历"发电—变电（升压）—输电—变电（降压）—配电—用电"这样一波三折的过程。在 1953 年，国家机械工业部成立上海电器科学研究所，为电力运输过程中"配电和用电"解决电器电机的技术供给问题。

刚成立的上海电器科学研究所汇集了一批高端人才。在当时，上海电科所在国内电机电器行业有着中流砥柱的作用：国内 70% 电机产品、电器行业中的 60% 低压电器产品的设计图纸均来自电科所。1999 年，电科所转制为企业，上海电科集团开始面向市场，成为电器电机行业中企业的主要服务力量。

随着科技的发展，上海电科集团顺应时代的浪潮，走上了智能制造的改革：新一代的低压电器具有智能化、网络化、高性能和高可靠性，重点研发智能电网用户端，包括智能电表、用户端能源管理器、智能家居等典型智能电器和能源管理系统，从而使配用电系统运行得更加高效，上海浦东国际机场就是受益于上海电科集团智能化系统的一个典型例证。

浦东国际机场是上海市两大民用机场之一，具有单体体量大、空间高、人员密度大、布局分散的特点，因此每年的能耗相当惊人。上海电科集团根据机场能耗特点，基于"分布采集、集中管理"的思想，以机场局域网为主要媒介，构建了稳定、可靠、高效的能源管理系统。举个例子，能源管理系统将水、电、供冷／热信息以及航站楼内的环境信息（室内外温度、进出风口温度、无自然采光处照度、采光区照度等）与 BA 系统、航班信息系统等实时共享、动态调节，为航站楼内的日常节能管理作出巨大贡献。除此之外，上海电科集团为世博最佳实践区、华东政法大学等均建设了能源管

H132-160 自动化生产线

理系统，节能效果显著。

上海电科集团还是国家军用电器电机产品的重要供给企业，在国防事业方面，依靠扎实的技术实力积极投身重点型号研发，为国防装备事业作出了突出贡献。

除了智能产品的研发，上海电科集团做得更多的是为企业提供系统集成的解决方案。陈平打了一个比方："原来我们是给了别人一只母鸡，通过孵化小鸡的办法实现，但现在，我们还要给它制造一个有益的环境或者一些设备，使得母鸡能够更加顺利地孵化出合格小鸡。"

在过去，上海电科集团可以根据企业的需求，为企业研发产品，但现在角色有了转变：上海电科集团通过对市场的研究，为企业提供数字化车间建设的整体设计、具体实施方案及系统集成的服务。这也就意味着企业本身能够成为研发的主体，拥有自己的自主知识产权，由此推动一大批企业的发展壮大，其服务覆盖了国内电机、电器行业主要的大客户。

作为电器电机行业中的重要角色，上海电科集团依托所承担的中国电器工业协会通用低压电器分会、中小型电机分会等全国性行业服务平台，结合行业智能制造发展需求，独立或联合行业龙头企业积极承担国家智能制造重大专项综合标准化项目 10 多项。2017 年被列入上海市第一批智能制造系统解决方案供应商推荐目录，并与业内龙头企业共同发起成立中国机械联合会智能制造分会、上海市智能制造协会等行业协会。至今，上海电科集团已经牵头承担了 6 个国家工信部智能制造标准化项目，联合行业企业承担 15 个国家工信部智能制造新模式项目，帮助电机电器企业开展智能制造的数字化车间建设，这在行业中十分少见，上海电科集团也成为这轮产业升级的重要力量。

作为标准化工作的排头兵，加之在智能制造领域的多年探索，上海电科集团 2015 年被任命为国家机器人标准化总体组副组长单位，牵头编制《中国机器人标准体系建设指南》，于 2017 年 6 月由国家标准化管理委员会、国家发展和改革委员会、科学技术部、工业和信息化部共同发布。

走向国际

如今，上海电科集团在市场上已经做到了行业领先地位，上海电科集团更希望的是能够引领行业技术的发展，带动更多企业的转型升级。

每年，上海电科集团依托电器工业协会、电工技术学会，开展大量的研讨、培训和论坛，凝聚行业中的企业，就行业发展中的最新技术、趋势在企业中进行交流，并且倾听行业中的需求、共性问题，共同研究解决。

此外，上海电科集团与国家相关部门配合，投入大量资金、精力到行业标准的制定和检测。在目前，公司已拥有 5 个国家认监委认定授牌的质检中心，除了传统的电机、电器方面，还包括智能电网用户端产品、汽车电气化产品，以及如今发展形势如火如荼的机器人。

从 20 世纪 70 年代中国机器人发展开始萌芽，到现在进入智能机器人时代，机器人对工业、生活都带来了前所未有的影响，但在机器人的可靠性、安全性、电器兼容等方面，一直缺乏完善的行业标准。2015 年，国家成立了国家机器人标准化总体组，上海电科集团成为秘书处之一。上海电科集团投资 2.8 亿元建设国家机器人检测与评定中心总部，并牵头制定机器人认证标准。2017 年，上海电科集团参与制定和实施了《民用无人机安全与 EMC 认证实施规则》和《民用无人机安全技术规范》，开启了中国无人机机器人认证工作。在目前，上海电科集团已经对 60 多个机器人产品开展了认证并颁发 CR 认证证书，对于提高我国机器人质量水平，推动产业规范化有着重要的意义。

除了参与建设国家的技术标准，上海电科集团也积极参与参加国际标准的制定、修订工作。2017 年，在国际电工委员会（IEC）专设的无线电干扰特别委员会（CISPR）中，上海电科集团电磁兼容领域专家郑军奇通过投票选举成为 CISPR 的副主席，这是中国的专家首次在这个组织中担任要职。

上海电科集团在智能交通、智能制造方面比翼齐飞，紧跟国家和行业发展需求，在技术创新、资源整合、成果转化、行业服务等方面取得重要突破。成绩一方面体现了公司在产业转型升级发展中的重要作用，另一方面也增强了公司核心竞争力和社会、经济效益的溢出能力。

毫无疑问，中国经济的时代变化，深刻地影响了像上海电科集团这样一批企业，而它们的发展壮大、走向国际，意味着中国制造的身影将在国际上越来越多，并最终推动中国进入世界制造强国的前列。

上海九高节能技术股份有限公司

第十五篇
九高节能："拼"出一片天地

秦　伟

从科研院所到政府，再从政府到国企，李曼萍的人生经历足够丰富。"院所改革、机构改革、国企改革"，可以说李曼萍见证了改革开放后中国实业每一次重大转型。

"下海办民营企业，感觉人生经历更完整了。虽说这是一个戏言。关键是自己更喜欢做自己想做的事！"李曼萍言语铿锵、信心满满。2008年，李曼萍义无反顾投身商海，创立上海九高照明技术有限公司——上海九高节能技术股份有限公司（以下简称"九高节能"）的前身。

十年磨一剑，成立十余年来，九高节能注册资金连连提高，由100万元陡增到500万元、3000万元、5100万元、8030万元……成为一家著名的专业从事智能化技术研究，并提供智能技术在专业领域综合解决方案的专业公司。

"创新创业没有捷径，只有靠'拼'。"这就是李曼萍创业的体会，"'实干'是拼搏中的'能量细胞'，'实干兴业'是创新创业公司的'最大红利'。"

工程师治企

李曼萍的名片上有两个头衔：上海九高节能技术股份有限公司董事长、教授级高级工程师，她自豪的是后者，也更愿意别人称呼她为"李工"，这就必须要交代她的个人经历了：1982 年，同济大学电气工程系工业企业电气化自动化专业毕业；1982—2000 年在上海工业自动化仪表研究所工作，并于 1999 年获得机械工业部教授级高级工程师职称；2000—2001 年，担任上海市经委高新处处长；2001—2004 年任长江计算机集团副总裁；2004—2008 年任上海电气集团股份有限公司副总裁兼产业发展部部长、中央研究院院长；2008 年 2 月至今，任上海九高节能技术有限公司董事长、上海半导体照明产业发展孵化器董事长。

"我是做技术出身的，在我看来创业没有捷径，唯有'实干'"，李曼萍的"实干"在业界是出了名的：当年在海外考察，她也是一头钻研业务，无暇观光。首次出差日本的她，10 天时间里竟风尘仆仆考察了 9 家重工集团。白天看厂，晚上开会汇总信息。只是临走时，李曼萍才象征性地去了一趟银座，同去的部下开玩笑地说："以后再也不跟李总出国了。"

李曼萍担纲的大型电站综合自动化系统高技术产业化示范工程项目斩获上海市科技进步二等奖，大型船用曲轴设计与制造技术获国家机械工业联合会科技进步二等奖……因此李曼萍被誉为一个学者型的教授级高级工程师，这也是她日后创业的"人文底色"。

2008 年，李曼萍义无反顾投身商海。同年 1 月 23 日，上海九高节能技术股份有限公司的前身——上海九高照明技术有限公司正式创立。

这其中有偶然，也有必然。

为何取名"九高"，李曼萍笑言道："九是我的一个幸运数。"那么，作为一家国企大集团高管的李曼萍，缘何自砸"金饭碗"选择"下海"，那是一种怎样的勇气与胆识。李曼萍平淡地说，"也许是有一颗潜在的不安分的心吧！"一个不安分，道出了李曼萍与生俱来的实干精神。

缘此，"志在创业""不安分"的"李工"决然下海。

"成立之初注册资本仅是100万元。"李曼萍笑言，"这可能不及一名上市公司高管的年薪。"凭着女性特有的缜密与睿智，企业风生水起，每年上一个台阶。

2008年6月23日，李曼萍敏锐地预测到节能市场空间巨大，为拓展业务，公司名称变更为上海九高节能技术有限公司，公司主营业务涵盖全部节能领域。

2010年10月，上海世博会期间，九高节能参与上海市科委世博会景观照明和室内照明示范项目：世博会主题馆景观照明、世博会沪上生态家景观和室内照明、上海豫园商城景观照明等项目。这些项目均获得圆满成功。

2011年11月，九高节能完成了太平洋机电宝山纺织机械生产基地照明项目。项目建筑面积80920平方米，为亚洲最大的纺织机械生产基地，全部照明设计由九高节能主导完成。项目采用LED照明产品种类达22款，产品质量和照明效果得到用户好评。此项目被国家半导体照明工程研发及产业联盟列为经典案例。

2015年3月，公司顺利通过股改，更名为上海九高节能技术股份有限公司，"公司治理结构按照股份制公司要求进一步规范。"

李曼萍表示,"现在,九高节能 78％的员工持有公司股权。这对九高节能的长远发展非常有利!"

2015 年 7 月公司通过股东会决议,面向公司股东、员工以及其他特定对象第一次进行股份增发。"特别是企业股改后第一次增发,原本准备花 3 个月时间完成增发,结果两周就完成了。这给我很大惊喜,这是员工对公司的信任,也有外部新增股东对公司的信任。"

言于此,李曼萍面露微笑,但也能体会她心中深深的责任,"我也被员工的信任所感动。我会努力把公司的未来策划好,将团队培养好。"公司成功增发了 2090 万股,获得资金 8356.8 万元。公司注册资金变更为 8030 万元。公司过半数员工通过上海九高投资咨询合伙企业(有限合伙)购买了公司股权,间接成为公司股东。

2015 年 9 月 19 日,对于九高节能来说是个值得纪念的日子,公司举行了隆重的搬迁仪式,全体股东和员工共同见证九高节能入驻新基地。公司将新基地正式命名为九高智能科技园。"新基地将集聚在智能技术领域的优秀企业,重点集聚智能制造和机器人领域

的专业公司和专业团队，共同拓展智能技术在国内的应用。"李曼萍表示，入驻新基地标志着公司进入了新的发展阶段。

2016年9月，九高节能投入1.8亿元建设的基地项目顺利验收，形成了集测试研发、项目设计管理、中试生产为一体的现代化智能制造基地。

"我下海办企业，感觉人生经历更完整了。"李曼萍戏言，与体制而言，也许失去了一位技术型工作人员，而对于中国的制造业来说，收获的是一位专家型企业家。

开启 LED 光时代

日本科学家赤崎勇、天野浩和美籍日裔科学家中村修二发明的蓝光 LED，在照明上把人类带入了信息时代，相比于 20 世纪荧光灯管 70 流明 / 瓦的灯效，LED 的照明效率是其 4 倍还多。

据说英国物理研究所所长桑德斯说，目前全世界照明耗费了 20% 以上的电力供应，使用 LED 灯泡后，这一比例会下降到

4%。这个可观的节能数字再加上 LED 的可控属性后，还能再挖掘 30%。

还在羡慕比尔·盖茨豪宅内各种尖端的智能化设备吗？现在这不再是梦想，它已切实地走进我们日常生活中，当你晚上回家一打开门，集成音响设备的 LED 灯具打开，点亮的同时送上清扬的音乐舒缓一天的疲劳；当家里聚会时灯光自动调节成为暖白色，带来热烈的欢聚氛围；当看书工作时自动调节为冷白光，让环境更适合静思。李曼萍为笔者解释，"这就是智能 LED 灯的控制属性。"

何谓 LED 灯的控制属性，不如来看看九高节能"人到灯开"的走廊：在非工作时段当有人进来时，灯会一起亮起来，并把信息发到主人的手机上，"如果是小偷进来的话，可会吓得够呛，这也就相当于灯也有了安保功能。"李曼萍说，"这是未来发展的方向。"

李曼萍接着说："LED 灯控制还能节省人力成本，现在如果一盏路灯灯光暗了，需要维修人员用眼睛一盏盏去确认是哪一盏，未来通过设置在 LED 灯内的芯片，很容易知道第几排哪个路灯的灯光没有达到指定要求。"

人对照明的需求亮度是恒定的，所谓智能就是室内照明的亮度可以根据阳光的变化而自动变化，通过传感器，人们甚至感觉不到灯的存在。当晚上人们回家时，灯就亮了，白天亮度足够时灯自动关闭，而当亮度不足时灯能自觉地补足不够的灯光。

这些未来的场景，都需要通过智能化控制实现，控制的关键在于芯片。"在对 LED 灯的控制上，我们必须有远见，有想象力。"李曼萍说。

"（智能控制 LED 灯）现在通过传感器和 LED 灯具即可实现。"李曼萍说，九高节能的 LED 智能控制系统，可以完美实现对照明灯具的调光调色、灵活设置、分组管理、状态查询、故障报警等功能，更加人性化地满足使用者的要求，将节能发挥到最大限度。李曼萍说："LED 的半导体器件特性在智能照明控制方面有着绝对优势，通过处理器、传感技术、无线控制技术、系统集成等多领域技术结合，是目前开发空间巨大的一项课题，也将是未来产业发展的方向。"

李曼萍充满期望地说，未来的信息技术应该是完全融合的、开放的、模块化的、可拼接的、可机器生产的——智能化照明技术的架构设计，就应该体现这样的发展趋势。

市场与技术的磨合

"与节能灯相比，LED 灯确实有很大优势，但是完全取代节能灯，我觉得还需要时间。"对于市场前景与产业方向，李曼萍的判断也很谨慎，从消费者角度看，质量参差不齐的 LED 产品混在一起，很难一眼判别好坏。尤其价格特别便宜的 LED 灯是不能使用的，但普通消费者没有办法来判断，只能沿用价格比较的方法来购买，而目前 LED 灯与节能灯价格相差不是很大。

"因此，从家用灯具的角度看，LED 灯要想在短时间内取代节能灯不太可能，但是从工业用灯，尤其是公共领域用灯的角度看，LED 灯却大有可为。"李曼萍说，在大环境大产业面临发展瓶颈时，找到细分市场对于新兴企业来说尤为重要，工业用灯规模大，LED 的节能、可控性及寿命长的优势得以充分体现。

市场形势总体而言，整体照明行业景气度虽然不及前几年，传统照明市场份额在下降，但 LED 照明市场渗透率明显上升，2012 年增长就非常明显了，从一线的工程项目中就能感受到这种增长的势头。

李曼萍擅长捕捉市场机会，认为 LED 室内照明堪称照明领域的一场革命，是未来的发展方向，李曼萍便将此作为企业创业与发展的切入口，将 LED 照明技术的推广与标志性工程相结合，使九高节能成为集照明设计、计算机仿真和工程实施为一体的室内照明系统服务商。

九高节能充分发挥了在智能照明技术领域的技术实力，将照明需求与智能化完美地融合在一起，通过自主研发，形成九高节能智能照明系统和产品，在 10 多项工程项目中得到应用。照明智能技术，一举成为九高节能的核心业务。

"九高节能是以室内照明为主，首先进入办公照明和高端商用照明市场的。"李曼萍表示，在办公照明方面九高节能已经树立了样板工程，即太平洋机电宝山纺织机械生产基地，办公加厂房的面积为 8 万多平方米，除了工厂灯外全部用 LED 照明产品，平均单位能耗是传统照明方案的 50%，而会议室、接待室、展示厅等场所能耗更低，因为使用了一些投射灯产品，发挥了 LED 光源方向性的优势。

"这个项目整个工程由九高节能全权负责设计，整个项目选用了 22 种灯具，全部采用 LED 照明产品，效果非常好。"李曼萍对此也非常满意。

由于 LED 光源的发光特性，在照度和光线的柔和性方面需要很好地平衡，"在太平洋机电宝山纺织机械生产基地工程启动之前，还有人担心 LED 照明产品是否会产生刺眼的问题，从实际照明效果来看基本不会，可以通过得当的灯具设计，控制好灯具的出光均度及科学的工程设计就可以很好地解决这个问题，我个人的办公室

全部用的 LED 照明产品。"李曼萍表示。

　　办公环境是人们需要长期活动的地方，会影响人的生理及心理感受，也影响工作效率。"因此，办公环境首先要求灯光非常均匀，眩光控制要非常好。其次，LED 灯具的选型和设计要比较简单，同时应该尽可能将系统设计得简单，可靠性有保证。再者，电源也是影响 LED 照明产品整体可靠性和寿命的重要因素，目前这个问题已经得到厂家的足够重视了，而且也能较好地解决。最后，整体的视觉舒适性要能保证。"对于市场与技术的未来，李曼萍非常有预见性，"因此对于 LED 厂家来说，在做办公照明工程时要非常谨慎，能够树立样板工程，真正表现 LED 照明产品的优势。"

　　如今，九高的智能化技术和系统设计集成能力，得到智慧城市创导联盟认可，成为创导联盟的系统集成商。在室内照明领域，九高节能专注于智能照明中高端市场的应用，并已经取得骄人的业绩，如复旦大学光华楼项目照明节能改造、上海三菱电梯工厂照明节能改造等项目。九高节能室内智能照明案例被国家半导体照明工程开发及产业联盟刊物《半导体照明商评》作为典型案例刊登，并进入中国 LED 应用推广《LED 照明产品手册》。李曼萍自豪地说：九高节能是唯一一个具有城市景观规划设计能力、智能技术持续研发能力，并且具有室内外照明工程实施能力的公司。

智能制造的创新物语

在全球经济一体化的今天，政府高屋建瓴地倡导企业创新驱动转型发展、大众创业、万众创新，更是今天社会发展的动力。

"九高节能一路走过了智能技术'合作＋自主研发'模式，走过了'收购和引进＋合作＋自主研发'的研发模式，正在尝试'资本合作＋收购和引进＋合作＋自主研发'模式。"说到兴奋处的李曼萍，带领笔者观看九高节能在专业领域的荣誉和成绩，李曼萍只介绍了其中一项：九高节能与上海智能制造研究院、富士康中州技术研发中心三方签约共建的"智能制造技术创新中心"。

这个 2017 年 3 月 10 日成立的创新中心，里程碑式的意义在于现代智能制造的上中下游第一次真正地联合在一起：九高节能作为中游(智能制造系统解决方案提供商)，向上(上海智能制造研究院)提出解决共性、关键和前瞻性技术要求，寻求专家支持，向下（富士康中州技术研发中心）对接和解决市场实际需求。

"一是三方发挥各自优势，合作共赢，共同面向富士康对智能制造的需求。其中，富士康中州技术研发中心面向工艺，上海九高节能面向智慧工厂的项目实施，上海智能制造研究院面向共性、关键和前瞻技术。二是中心作为一个技术交流平台，通过需求对接、技术交流，整合专业团队，多方合作，形成智能制造的技术集群，共同面对企业需求。技术创新中心是一个多元开放的平台，市场化运行。"李曼萍对这个模式非常推崇，"这也是一种创新的模式。"

成立这个创新中心，源自九高节能为富士康在阳极氧化柔性生产线上的成功项目实施，这也是目前世界上首条实现柔性智能制造的生产线，而这个项目，多家与富士康合作的企业均以失败告终。九高节能得到富士康的认可，也在业内引起相当大的反响。与此同时，九高节能与欧洲著名智能技术公司贝加莱、日本欧姆龙、富士正在计划建立长期战略合作。实现智慧工厂的顶层设计，是九高节能业务的技术制高点。

"九高节能的'创新'思路是体系开放、生态多元。以智能化为主线，主要表现在战略上，就是为企业的核心业务提供技术支撑，提供源源不断的技术来源，发展和提升企业的核心竞争力。"李曼萍介绍，"战术上，就是依据企业发展的不同阶段，以及企业拥有的资源，技术水平从简单到复杂，不断提升，直至占领技术制高点。而'可行性'的技术，即'直接应用于市场'的'临门一脚'的产品与系统，那是九高节能形成规模化市场能力的集成技术，须以企业为主进行自主研发，形成自有知识产权。"

"将基地建设成为智能技术的创新创业集聚地，这是我的愿望。"——李曼萍对未来充满憧憬。

在一楼的企业墙边，笔者看到了原航天航空部部长林宗棠为九高节能的题词："九高展翅，誉满全球"。致力于成为中国半导体照明应用技术与智能化控制技术领域的标杆的九高节能，实现"誉满全球"的美好愿景，就在不远的明天。

第十六篇
正泰电源：变革中的坚守

刘志昊

"这是一个最好的时代，也是一个最坏的时代，更是一个最快的时代"。若要用一句话来概括当下光伏逆变器行业的处境，或许这是最合适不过的了。从前几年的"金太阳"工程，到"领跑者"计划，再到"光伏扶贫"，国家一直在扶持，产业政策可以说是"最好"；从单瓦几元的黄金时代到以"角"衡量的微利时代，价格战、恶意竞争导致行业环境越来越"坏"；从集中式逆变器"号令天下"到组串式、集散式、微型逆变器"百花齐放"。无论价格还是产品，市场变化速度不可谓不快。

市场变化总会影响企业行为，"一成不变"往往会导致企业无法适应市场而被淘汰，"过于善变"又会失去品牌独特性。从市场领跑企业身上不难看出，"变革"与"坚守"协调发展是其立足于市场的根本。

上海正泰电源系统有限公司（以下简称"正泰电源"）成立于2009年。目前，在国内光伏逆变器行业已发展为领跑者，在国际市场的表现也非常抢眼，2015 年更是在北美市场"登顶"，其中 28/36kW 逆变器成为北美市场的标杆产品。

正泰电源何以成功？正泰电源副总经理韩甲治一语道破："首先你的产品要有一个不同于别人的地方。从产品出发，坚持全球化路线不变，坚持为客户创造价值的初心不改，以技术创新为动力，不断适应市场新需求。"

"低价时代"的市场抉择

价格战是光伏逆变器市场逃不过的话题。从无到有，从效率比拼到"突破99%"，在跟进速度上没话说的国内光伏逆变器企业难免深陷价格战、同质化的泥潭。

正泰电源自 2009 年成立，可以说亲身经历了价格下降的过程。据韩甲治回忆，2009 年正泰电源参与的福建 8MW 项目，逆变器价格在 1.73 元 /W，2010 年的一个项目逆变器价格降为 1.462 元 /W。如今集中式逆变器产品跌至 0.1 元 /W，组串式逆变器 0.2 元 /W。

在价格就是竞争力的粗放阶段，市场上不乏发起恶意低价竞争甚至通过更换劣质元器件来降低成本的企业。此举虽然使一些企业短期抢占了市场，长远来看不仅损害电站业主收益，更对企业形象、行业健康发展造成伤害。

针对逆变器市场的"价格厮杀"，韩甲治认为要理性看待。不可否认，市场上不乏发起恶意低价竞争的企业，但光伏逆变器价格快速下降更多的是技术创新和市场竞争的结果。

很多企业非常痛恨价格战，但韩甲治认为，价格战是一个正常的市场竞争的壁垒。激烈的市场竞争推动着产品创新、技术创新和应用方案的创新，倒逼行业成本不断下降。"以逆变器为例，目前光伏逆变器的价格已经降到了 2009 年价格的 1/10。这助推光伏发电的市场竞争力进一步提升。"韩甲治表示。

从长期来看，企业通过技术创新改进设计，提升效率来降低单瓦成本，有助于推动全球光伏发电成本的下降。

从短期来看，企业要调整自己的战略应对价格变化，管理消耗成本，降低毛利率。"从整体来说光伏逆变器价格战的正面作用要大于负面作用。企业要创新，要改善产品设计、优化制造运营成本。为什么市场经济优于计划经济，这是一个体现。"韩甲治总结。

作为光伏发电系统中的核心设备，逆变器成本仅占整个系统的 5% 左右，故障率却占 80% 以上。原国家质检总局公布逆变器抽检"黑名单"，更是引发业内对逆变器质量的大讨论。

对于制造商而言，产品质量就是企业的生命，逆变器企业该如何协调"质量"与"成本"二者的关系？韩甲治认为，激烈的市场竞争推动着产品创新、技术创新和应用方案的创新，倒逼行业成本不断下降。此外，在技术研发的同时企业要做好产品质量把控。

在把控产品质量上，正泰电源也有一套独特的体系。韩甲治介绍，公司对逆变器的质量把控体现在三个方面。第一，在产品设计时要考虑元器件的寿命。韩甲治进一步解释，在逆变器产品中 LCD 显示屏和电解电容理论上寿命不可能达到 20 年，在设计时要考虑更换时间，这是企业负责任的体现。第二，考虑逆变器的工作环境。一些高温、高湿、高寒等环境对产品的要求更高。正泰电源在第三方机构对性能、安全检测的基础上，加码可靠性验证。正泰电源有自己的可靠性验证实验室，每隔三个月抽检一台逆变器进行加速老化实验，这一过程直至把逆变器测坏，找出缺陷环节并加以

改善。第三，在应用层面上解决逆变器的温升、散热问题。逆变器内部每降低 10 度，其寿命可以增加一倍。

"作为光伏发电的核心产品，逆变器的性能直接决定了整个光伏系统的运作效率和投资收益。"韩甲治说，正泰电源不仅在逆变器技术研发方面居国际领先地位，而且平台化的产品开发体系有机结合了市场、科研和销售，实现商品应用层面的有效开发和市场拓展，成为正泰集团光伏产业链中至关重要的一环。

从产品出发、注重细节把控，通过技术创新降本增效，凭借优质产品正泰电源迅速在国际、国内市场开疆拓土。

"三驾马车"跑进北美市场

北美市场一直被视为逆变器企业的"试金石"。美国各州独立的法律法规、多种多样的定制化需求、售前售后专业化的服务及产品故障所面临的严厉惩罚，都让这个"竞技场"成为很多逆变器企业的"禁区"。想在北美逆变器市场占据一席之地，无疑对企业从外部实力到内部管理都是极大的考验。

2015 年以前，德国 SMA 公司（以下简称"SMA"）在北美这个细分市场中一直处于领先地位。直到 2015 年，正泰电源异军突起，在这个细分市场里超过 SMA。

从 2011 年正式进入北美市场到 2013 年，仅仅 3 年时间，正泰电源就已凭借其可靠的产品和良好的服务在北美市场获得一席之地，并在 2013 年北美逆变器企业中排名前十；随着产品和服务的不断成熟，市场认可度不断提升，正泰电源销售业绩逐年倍增，确保了其在细分市场的领先地位。

在此之前，很多中国逆变器企业都对北美市场寄予厚望，但由于光伏逆变器是光伏系统中技术门槛较高的产品，中国企业开拓北美市场更是难度极大，许多企业也因此望而却步。

韩甲治对笔者谈起了中美客户的差异："如果逆变器出现故障，中国客户只要厂家解决问题就可以，美国客户则要刨根问底原因在哪里，产品如何改进，未来有什么防范措施。"往往一个细节沟通下来要花长达一天的时间。美国基础设施的建设也并不像我们想象的那么成熟，其电网的安全性和稳定性不如中国。

"在正泰电源之前，从来没有其他一家中国企业，对北美市场投入这么大的热情。"韩甲治富有激情地表示，也正是因为这种热情才使得正泰电源在北美市场取得如此好的成绩。

"只烧一壶水"，韩甲治深度解读正泰电源开拓北美市场的战略，"这是正泰集团董事长南存辉为正泰集团定下的规矩：不熟悉的不做；行业跨度大的不做；没有优势的不做；即使追求多元化也应该是同心多元化。"

如何烧好、烧开这"一壶水"？韩甲治诙谐地形容说，"我们有'三驾马车'：本地化研发、本地化产品、本地化服务。"正是凭借这三驾"本地"马车的拉动，正泰电源成功跑进北美市场。

韩甲治表示："本地化是核心，美国各个州法律法规不同、电网不同、应用环境不同，客户的需求也多种多样，因此，需要精密的战略布局加以进入北美大量的人力物力才能实现整个市场的良好运作。"为此，正泰电源进入市场初期首先在北美成立了研发中心，针对北美不同地区的法规、安规和实际需求进行了详细而周密的调研，并定义了适应性强的产品；其次，为了解决需求多样性问题，提高了定制化解决方案的能力为客户提供个性化设计；最后，完善本土化服务能力，确保客户售后问题得到及时的响应。

正泰电源北美业务的迅速发展，还得益于精准的市场定位，"他们对于北美客户轻车熟路，基本一谈一个准。"韩甲治对北美销售团队评价极高。

北美团队大多拥有康奈尔、斯坦福等世界名校教育背景以及世界 500 强企业的管理经验，韩甲治用"非常专业"来形容，"他们的销售是顾问式销售，非常了解客户的需求，也给正泰电源产业规划、产品研发带来了专业的意见。"

正泰电源为北美客户提供定制化的标准流程是：北美销售团队根据客户需求制订相应的解决方案，定义与之配套的光伏逆变器，随后交由上海与美国研发中心进行开发。"一个专业的销售团队好处在于他们既不会故步自封，也不会盲目地迎合客户。"韩甲治说，"能及时按照北美客户的要求把设计做出来，早一步甚至半步投放市场，就是正泰电源在北美如此受欢迎的原因。"

　　拉动正泰电源的另外"一驾马车"——研发中心，研究平台化的战略规划产品，用一个核心产品平台打造灵活多变的产品线，基于核心平台，通过研发中心和销售团队的配合，逐渐明晰投入市场的产品策略。有的企业在北美做得较早，小功率逆变器定制化服务做得也不错，但太复杂的产品线对研发团队和成本管控来说都是负担，这几年该企业市场不升反降。

　　最受欢迎的三相组串式逆变器，主要用于商用屋顶和地面光伏电站以及停车场等项目，从设计之初就考虑了北美市场的要求。分体式接线盒，保险丝结构布置，水平 15 度安放更加适合安装附件，以及适应超低温运行环境，这些都深受客户欢迎。正泰电源还规定了逆变器分体式设计，保证单件重量便于人力安装，大大降低了成本。"因为按当地法律，超过这个重量就需要用机器搬运。"韩甲治解释说。

　　很多客户会经常来正泰电源的总部进行交流，在采访前，韩甲治正在陪同客户进行参观。"与一流公司进行规范的商业合作，建立互信、尊重的关系是长远发展的关键"。韩甲治说。

　　"客户在教我们成长。"韩甲治说，"大客户教我们如何长期稳定地经营，小客户让我们学会了多样化。"

　　"正泰电源采用混合的售后模式，中美两地售后团队发挥各自特长，共同解决现场故障，建立了'土洋结合'的快速响应团队，销售中心在旧金山和洛杉矶，并配设了仓库，研发与售后中心在上海和达拉斯，正泰集团用雄厚的资金实力和良好的品牌融资能力提供担保，目前正泰电源逆变器累计发货安装 3 万多台，遍布在美国的多个州，受到广大光伏投资商的认可。"韩甲治非常自豪地说，这也成为正泰电源开拓北美市场另一驾必不可少的马车。

"领跑"不仅在于技术

2016 年，正泰电源成功供货国内首个"光伏领跑者计划"项目"山西大同采煤沉陷区国家先进技术光伏示范基地"，新型集中式光伏逆变器领跑本行业。

"领跑者"三个字从 2015 年起就频繁出现在光伏业内，不仅在政策文件中常常出现，行业大佬们也经常提及光伏领跑者，而且，在光伏项目中，"领跑者"先行已是光伏业内共识。那么，究竟什么是"光伏领跑者计划"呢？

"光伏领跑者计划"是国家能源局从 2015 年开始，之后每年都实行的光伏扶持专项计划，在计划中所采用技术和使用的组件都是行业技术绝对领先的技术和产品，来建设拥有先进技术的光伏发电示范基地、新技术应用示范工程等。

山西大同采煤沉陷区国家先进技术光伏示范基地建设项目竞标要求可谓空前严苛。不仅设立高级别的项目招商和业主选择评估委员会，而且从两方面提出了更严苛的招标门槛：一方面是投资商自身的要求，另一方面是对所用产品和服务的要求。尤其在光伏逆变器技术和建设要求方面极其严格。

众所周知，光伏电站的心脏是光伏逆变器，它决定了整个电站的转化效率和产出，同时性能也影响着光伏电站的稳定性和运维成本。

在与 59 家企业参与角逐的竞争中，正泰电源成功供货"领跑者计划 + 新技术、新模式示范"50 兆瓦项目。正泰电源不仅在投资能力、技术能力、业绩水平、当地贡献度和新技术新模式等方面符合资质，而且在服务实力方面也站在了"光伏领跑者计划"前列，尤其是集中式光伏逆变器不仅产品性能符合"光伏领跑者计划"项目招标标准，而且完善的技术服务和维护方案也获得项目评选组的青睐，成功供货 50 兆瓦项目，领跑光伏逆变器行业水平。

"技术达标只是第一步，关键在于保障实际应用价值。"在韩甲治看来中标仅仅是个开始，"在长达 25 年甚至更久远的生命周期内，实现光伏系统设备的既定价值，质量便是第一道'红线'。"

谈起国内光伏逆变器行业现状，韩甲治坦言："与国外逆变器相比，国内企业技术创新不落下风，推陈出新甚至更快，但实事求是地讲，在制造工艺、可靠性等方面，仍与国际一流企业有一定的差距，需要进一步升级。

2015 年光伏并网逆变器的国检报告就曾令行业一片哗然。2016 年 2 月初，原国家质检总局公布 2015 年国家监督抽查产品质量状况公告，显示光伏并网逆变器的抽查合格率不到 80%。那次共抽查了北京、河北、上海、江苏、浙江、安徽等 13 个省、直辖市 55 家企业生产的 55 批次光伏并网逆变器产品。

对于这一结果，韩甲治表示，一方面是行业部分企业长期低价竞争导致的必然结果，另一方面也在于标准与实际应用环境之间的不匹配。"比如在农村等电网不发达的地区，如果按规范标准设置，就经常触发电压保护系统，影响发电量。"

此外，引起逆变器产品不合格的原因还包括采用的关键元器件质量好坏、软件的控制方式、硬件的回路设计等。"正泰电源的经验是在第三方机构对性能、安全检测的基础上，加码可靠性验证。"韩甲治说。

韩甲治介绍，正泰电源逆变器从产品前期设计到最终推向市场，历时约两年时间，而可靠性测试覆盖每个环节。"如在设计阶段，就会对每个零部件进行老化、技术特性等验证；产品成型则除了做必要的现场测试，还要做加速生命周期测试，这一过程直至把逆变器测坏，最终揪出缺陷环节并加以改善。"

韩甲治再三强调的还有对逆变器产品进行拉弧检测，这也是预防光伏电站火灾事故的必备措施。

众所周知，光伏电站"过火"不仅在于发电量挂零，损失金钱物质，更致命的在于付出生命代价，苹果光伏屋顶着火事件、中山长虹项目施工人员被直流电电死、西北某光伏电站逆变器自燃等不胜枚举。

国家发展和改革委员会能源研究所研究员王斯成曾表示，光伏电站40%的着火事件是由直流电弧引起的。韩甲治解释："光伏发电即将太阳能直流电转化为可用的交流电，而在直流段最容易产生电弧，在成千上万个接头中，任何一个接头松了，都有可能造成直流电弧，一有电弧就会引起火灾，光伏逆变器便是其中一个火灾危险性较大的设备。因此在美国市场，强制要求逆变器产品做拉弧检测，正泰电源也是全球第二家做拉弧检测的企业。"

以质量为根基，光伏逆变器对于业主的偏向价值决定了最终的市场份额。"在各企业技术逐渐接近的环境下，产品给业主带来的应用价值才是最重要的。"韩甲治说。

韩甲治认为正泰电源逆变器设计紧贴客户和应用也很重要，更通俗地讲就是"接地气"。"举个简单的列子，正泰电源逆变器可以水平放着，分体式安装，这是很多企业没有做到的，所以北美市场很多安装商把我们作为样本展示。"韩甲治介绍。

延续"接地气"的设计理念，基于国内电站业主对降本增效推动

生产车间

光伏平价上网的需求，正泰电源推出了新一代创新型 1MW 逆变器。

"集中式逆变器价格已跌破 0.2 元 / 瓦，如果再一味地耗于价格战，那最终的结果是引起行业性亏损直至危及整个光伏市场。因此，单纯从设备出发压低价格已不切实际，只能是通过创新实现综合成本的下降。"韩甲治说道，"比如正泰电源新型 1MW 逆变器就在优化投资回报方面做足了功夫，更小的安装体积使得功率密度提升 50%，占地面积和运输成本都实现 50% 的节省。且新型逆变器使得单串组件数量增多，从而较 500kW 逆变器减少 13% 总串数和 8% 汇流箱，有效减少了初始投资。"

增效环节除了依赖于 99% 的最大效率，还有智能模块化设计，这也是韩甲治推崇的一大亮点。他讲道："光伏逆变器模块化设计，在故障情况下，能够使故障模块自动从系统中断开，保证其他模块不受影响，提高系统发电量。此外全部模块都有控制整台逆变器的功能，这样可以根据输入功率启动个别模块，而不是全部模块运转，延长逆变模块使用寿命。可以说模块化设计优势显而易见，但此前因于高成本被部分企业放弃，现在正泰电源却在不增加成本的前提下实现了这一优化价值。"

韩甲治眼中"接地气"的正泰电源逆变器融合了很多中国客户的使用习惯，包括集成配电，不需要增加额外的配电，控制组件衰减防 PID 功能等，"向海外市场推广还会根据每个市场的实际需求调整产品"，这些紧贴客户需求让应用价值最大化的研发理念构成企业服务的一部分。在韩甲治看来，"突出的服务就是国内逆变器企业与国际企业竞争的最大利器。"

让世界共享太阳光芒

连云港，古称海州，是中国首批沿海开放城市、新亚欧大陆桥东方桥头堡、"一带一路"交汇点城市。在这座山、海、港、城相依相拥的城市，新建的中核云港光伏电站正式落成，并于 2018 年 6 月 30 日正式并网发电。

中核云港光伏电站占地约 250 亩，规划总容量 8MWp。正泰电源自电站建立初期就积极参与规划、勘察、设计等工作，凭借领先的行业竞争力以及丰富的实践经验，为电站供应光伏核心设备。

本电站建立中，正泰电源主力供应 500kW/630kW 光伏并网逆变器、光伏汇流箱及逆变房等设备，并针对电站作业环境和运行需求，应用集中式逆变房方案，为电站安全高效的运行提供可靠保障，为电站顺利并网和可靠运行发挥关键作用。

正泰电源 500kW/630kW 光伏并网逆变器专为大型地面、山地、丘陵以及工商业屋顶等应用而设计。该系列产品采用三电平拓扑结构，最大效率高达 99%，欧洲产品效率高达 98.5%。智能功率控制功能可以保证低功率时的转换效率更高，电能质量更好，延长逆变模块使用寿命。

正泰电源系统光伏汇流箱是按照国家金太阳标准与电力行业标准来设计的一款高可靠性且实用的光伏配套产品。应用时可根据逆变器直流侧输入电压范围，把一定数量规格相同的光伏组件串联组成一个光伏组件串列，再将若干个串列接入汇流箱汇流，并通过防雷器与断路器，有效提高系统安全。

近几年来，全球光伏逆变器市场格局正发生着重大变化，正泰电源的布局策略也随之变化。"逆变器市场已逐渐脱离'价格为王'的竞争格局。"韩甲治表示，"正泰电源在科技创新的基础上，更加注重优化系统设计、提升发电量、改善运维方式等，不断为海内外客户创造价值。"

面对未来，韩甲治展望，正泰电源将立足中国市场，同时大力开拓国际市场。"必须培育新的领域，要不然只能局限在这里。"韩甲治表示，企业增长越快，需要的"蛋糕"就越大。不仅要切的角度好，同时还需要找新的"蛋糕"。

"正泰电源高度重视产品质量和性能，并不断研发和创新，创造出更适合市场的产品，并在不断的实践中得到市场充分认可。"韩甲治的眼中世界才是正泰电源的大舞台，"相信未来的正泰电源也将竭尽全力推动新能源产品技术的发展和应用，让世界共享太阳的光芒。"

第十七篇

蓝魂环保：船舶尾气净化的中国力量

陈　曦

"不谋万世者，不足谋一时；不谋全局者，不足谋一域。"

对于企业而言，最初的目标设定至关重要。明确的目标，一方面反映出企业的格局，另一方面需要体现出企业的能力。

盈利可以是企业的首要目标，但却不能是唯一目标。成功企业应该是赚钱的，但是也不能仅仅停止于赚钱，如果赚钱变成企业的唯一目标，那么这家企业就很难形成大"格局"。

企业的格局决定了企业的发展空间，也决定了未来。企业的格局反映在企业的发展战略上，反映在企业处理复杂问题的态度和立场上。所以，格局对于企业而言，既是认识论也是方法论。

明确的目标是成功的第一步

2015年9月11日，上海蓝魂环保科技有限公司（以下简称"上海蓝魂"）在上海张江自由贸易试验区注册成立。上海蓝魂，虽然

是一家年轻的企业，但是它在成立之初就已经确定了企业目标：成为全球最专业的船舶尾气治理方案提供者和领导者，为保护海洋环境贡献力量。

设定这样的目标，是经过深思熟虑的。上海蓝魂董事长姚皓在介绍企业时，首先讲到的是保护海洋环境的迫切性。他说："你看船冒黑烟、汽车冒黑烟，这实际上就是二氧化硫在排放。二氧化硫是一种具有臭鸡蛋味道的气体，对人体伤害特别大。一艘中等大小的船，二氧化硫排放量相当于一个中小城市所有汽车排放量的总和，是非常大的。如果是 30 万吨的巨型油轮，一天要消耗 200 多吨的油，可以想象它的排放量有多大。这样大的排放量对人的危害非常大。在码头附近，有的时候打开窗户就有硫的味道传过来。"

面对紧迫的环保形势，国际上对于海洋硫排放提出限制，2016年10月，联合国负责海上航行安全和防止船舶造成海洋污染的专门机构——国际海事组织（IMO）确定，将从2020年1月1日开始实施0.5%的全球硫排放限制，要求在硫排放控制区（ECA）以外航行的所有船舶使用硫含量不高于0.5%的燃油。

这一决定其实早已在酝酿之中，但是因为各种原因迟迟未能执行。近年来，对船用燃料含硫量限制愈加严格，早在2008年10月为控制船用燃油中硫含量，通过的MARPOL公约附则VI，就修改了燃油硫含量标准的全球上限，并规定了硫排放控制区，必须使用含硫量低于1.5% m/m的低硫燃油。

全球限制硫排放，无疑会引起船舶行业的很多变化。首先，对于造船厂而言，其需要更加先进的脱硫技术。其次，对于燃料行业而言，需要炼油厂升级生产含硫量低的燃料。然而，IMO及其下属的海洋环境保护委员会（MEPC）最终决定提前实行限制硫排放。再次，替换老旧船舶的进程必须加快。

降低船舶的二氧化硫排放量，渠道之一是，采用含硫量较低的燃料；渠道之二是，对船舶尾气进行处理，使之符合排放要求。

上海蓝魂根据国际海事组织的要求，快速找到了切入点：以船舶尾气治理作为企业的主营业务。

打造与格局匹配的能力

有了大格局的企业，也需要有足够匹配的能力才能实现目标。在当下社会中，企业的能力所涵盖的方面越来越广，从管理、生产、营销等企业日常运营方面的能力，到形象包装、品牌推广、社会关系维护等综合能力，都是企业所必需的能力。

在众多企业能力之中，技术能力是企业想要长久发展的必备能力。因此，上海蓝魂首先着力打造企业技术实力，采用转化实验室研发成果的方式，不仅让实验室的成果成功地与市场接轨，更把自己的技术能力提升到世界先进水平。

上海蓝魂成立初期就把技术发明团队作为研发合伙人。公司拥有多学科、高学历研发团队，硕士以上人数占总人数的40%。通过对原有技术的不断改进，并进行船舶适配性的产品化、系列化深度设计研发，公司目前已经突破了多项技术瓶颈，实现多项技术创新并申报了多项国家专利：于2016年5月获得英国劳氏船级社颁发的国内首张船舶尾气脱硫产品设计认可证书；2016年9月获得中国船级社（CCS）的质量管理体系认证证书；2017年1月获得DNV船级社船舶尾气脱硫产品原理设计认可证书；2017年3月获得美国ABS船级社AiP认证，并获得CCS认证。

目前，上海蓝魂已获得与船舶尾气脱硫装置相关的23项国家专利，其中发明专利2项，实用新型专利14项，著作权专利3项，外观专利4项。认证和专利有效保证了上海蓝魂产品的领先性和竞争力。

船舶尾气脱硫装置技术路径主要有以下三种。一是海水镁基闭式系统，其优点是脱硫效率高，使用的脱硫剂为廉价的氧化镁，并且节约淡水；这种方法的缺点是会形成二次污染，需要处理大量的脱硫废水，镁基的获取也受限。二是淡水钠碱闭式系统，其优点是脱硫效率较高，系统稳定可靠，能耗较海水钠碱闭式系统大，投资小，利用了海水法的技术优势；缺点是淡水获取不便，能耗较高，需碱液储存箱。三是海水钠碱闭式系统，其优点与淡水钠碱闭式系统类似，与之相比能耗更低；这种方法的缺点是也需碱液储存箱。

经过对比，上海蓝魂选择了"海水钠碱闭式系统"作为技术路径。上海蓝魂研发的船舶尾气洗涤脱硫系统运营成本低，模块化设计，体积小，效率高，能耗少，背压低，自动化程度高，实时远程监测，保证脱硫效率达到国际标准。

该船舶尾气脱硫系统是上海蓝魂研发团队在一代闭式船舶尾气脱硫系统基础上，针对市场需求和船舶实际需要，推出的使用更为经济、应用更为广泛的船舶尾气脱硫装置，可满足不同海域船舶排放要求，使用更为经济，U 型塔的特点是高度低，能耗低，多机集气，重量小；"I"型的特点是直径小，旋转进气口，多机集单机集气，易于安装，其技术已达到世界领先水平。

现在，上海蓝魂的二代新型船舶尾气脱硫装置已经开发成功，在一代产品基础上实现四大创新。第一，研发团队在一代样机以淡水加氢氧化钠作为洗涤循环介质的基础上，结合船舶运营实际情况，开发出以海水加氢氧化钠作为洗涤循环介质的脱硫系统，满足船舶海上航行特性，极大降低系统运行成本。第二，技术研发团队结合船舶适配性、空间要求，攻克背压、扰流等技术难题，将船舶主机、辅机以及锅炉一同接入脱硫系统，一次性一体化地解决船舶脱硫问题。第三，运用专利填料层技术，在脱硫系统核心模块脱硫塔内加装填料层，使脱硫塔外形尺寸在设计和结构上优于国际同系列产品，减轻船舶重量，大大提高船舶航行的稳定性和安全性。第四，通过互联网远程数据传输与控制，实现船舶智能化管理和应用，将系统运行动态信息和陆上保障系统实现智能交换，智能化远程监控与系统维护升级计划管理，实现简单故障和技术问题的远程解决，系统软件的自动升级，维护数据的实时传递，如碱液液位过低，提供最近的碱液加注点；系统运行故障，提供最近的系统维修维护点等。

创新商业模式弥补短板

互联网的发展和普及让整个世界的节奏都快了起来，同样使得市场更加瞬息万变。这样的大环境之下，企业的资源整合能力显得尤为重要。

企业具有较强的战略协调能力才能将各种资源进行整合与优化，才能随时应对市场的变化。上海蓝魂采取纵向整合的方式，把多个制造厂商联合在一起，形成了自身独特而且坚实的能力。

传统的产业链通常包括"原材料供应——设计制造——产品销售"三个环节。作为一家新的企业，想要在船舶尾气治理这个门槛较高，而且几乎被国外企业垄断的行业中脱颖而出，上海蓝魂知道自己必须有核心竞争力。

上海蓝魂目前能够每年为 200 条船配套，这样的规模靠自己投资建厂是无法实现的。公司实现这样的目标靠的是创新的供应链管理模式。

姚皓表示，上海蓝魂最核心的竞争力当属资源整合能力，特别是供应链管理能力。"我们的核心竞争力主要是来自灵活的供应链的管理方式，与传统的制造模式不一样。传统的制造模式可能要有一个固定的工厂。而我们的供应链管理上是有自己的独到之处，也能节省一些成本，就是不拘泥一定要有一间自己的工厂。"姚皓解释道："如果投资厂房和设备，投入资金就要上亿元。现在，大量

的企业有过剩的产能没有恰当使用，这是一个非常好的整合资源的机会。我们更好地利用一些过剩产能，比如优质的工厂、没有满负荷运行的厂房，跟他们进行合作。"

　　上海蓝魂的供应链管理模式，可以说是区块性的管理模式。姚皓说："互联网改变了所有的物流环节，对于我们来说也是一样的。我举一个很简单的例子，船舶的心脏发动机全都是在中国加工，中国企业每年要付给欧洲企业的专利费高达 1.7 亿欧元。其实，这就是把最低端的东西放在你这。所以我们在供应链的管理上跟传统模式不一样，传统模式是在本地建厂、投厂或者大量投资，实际上我们更有效地把一些资源进行整合。"

企业想持续发展就必须不断往附加价值高的环节移动。1992年，宏碁集团创始人施振荣提出了有名的"微笑曲线"理论，指出价值最丰厚的区域集中在价值链的两端——研发和市场。

上海蓝魂在价值链管理中，抓住的是设计和销售，对于生产环节，则通过严格控制供应链实现管理。公司把一些优秀的供应商升级为合资伙伴，打破传统理念，互相参股。这种方式，一方面，双方成为利益共同体在管控上更加便利；另一方面，增强了两家企业的能力。

姚皓坦言："我们在上下游上跟别人是不一样的，我们主要是抓'微笑曲线'的两头，一个是研发，一个是市场销售。那么在制造这个环节我们只是做了一个控制、工程管理和指导的角色。"

上海蓝魂的总经理陈东陵举例，一个苹果手机可以把厂全部设置在外面，他们自己也投厂但是自己不会全做，自己投的都是研发，然后把制造环节放在中国、越南、印度尼西亚。我们这类制造企业跟原来规模化的制造企业不同，我们不仅有规模，并且我们的空间会更大，可以真正实现全球化，上海之外的制造基地都可以是我们的潜在制造基地。

笼统来说，船舶工业有技术密集型、资金密集型、劳动密集型三大特点。在这样的行业内进行资源整合，不仅需要拥有全局观，也需要透彻的行业认识。上海蓝魂之所以有能力进行资源整合和优化，因为从经历、专业、覆盖面等多方面来说，公司的主创团队对于船舶行业有很深刻的理解和认识。公司核心团队均来自船舶行业，在业内有着深厚的人脉资源积累，团队在船舶行业有较高的影响力。

本土品牌的雄心

目前，在船舶尾气脱硫领域，全球最大的两家企业占据了市场份额的 80%，剩下 20% 的份额被 20 多家企业分割。上海蓝魂的目标是，未来能占据 30% 的市场份额。姚皓估算："现在全球的远洋船大概有 6 万艘需要加装洗涤设备改装，市场应该不低于 1800 亿元。还有新造船只，每年大概有 145 亿元的需求，所以市场很大。"

要实现这样的目标，首先需要拥有国际水平的技术实力，上海蓝魂已经初步取得了成功。通过资源整合，公司已经具备了每年配套 200 艘船只的产能。下一步，上海蓝魂需要大力拓展市场，树立品牌。

在国际市场上，特别是高端领域，"中国制造"对于客户的吸引力并不太强。姚皓坦言："你想你要自己买汽车，你会选择什么品牌？第一选择是进口品牌，第二选择是中外合资品牌，第三你才选择国产品牌。我觉得这就是中国制造业一个最大的、最难的一点。并不是说你拥有技术就能撬开这个门，技术只是第一步而已，后面还有组织生产管理、销售、后期的服务一系列举措。因为船是全世界跑的，一旦出现问题，势必需要全球服务。船舶与汽车还有所不同，因为汽车基本上就在国内某一个区域内行驶，船运从中国到北美，跨越的距离非常远，所以对质量的要求更严谨更苛刻。"

鉴于此，上海蓝魂积极进行技术创新与产品质量管控，已经成功落地多个项目，实现了零的突破。

在销售方面，上海蓝魂拓展思路，改进传统的"买卖"模式，加入了融资租赁的方式。姚皓介绍，"因为现在船东拥有的 100 多条船，如果全都要安装我们的设备，这样就需要一大笔资金，所以在船舶领域，我们会接下订单，再找合适的银行一起合作，用新的商业模式合作，这在造船领域已经比较常见了。"

姚皓说："商场如战场，该稳健的时候稳健，该激进的时候一定要激进。我们要抓住机会，用我们先进的技术、优质的产品和卓越的团队，占领更多的市场份额，朝着占有市场 30% 的目标努力！"

第十八篇

晨光文具：摘取科技皇冠只在毫厘间

黎光寿　廖　羽

　　在全国 31 个省、自治区、直辖市拥有代理商和省级合作伙伴，是目前许多公司都能达到的；但二、三级合作伙伴和配送中心遍及全国 1200 个城市，拥有 7.5 万家终端店铺，在中国就很少有企业能够做到；在人迹罕至的地区还拥有专卖店，配送员在送货的时候还碰到了狼，在中国几乎就是闻所未闻的状态。可晨光都做到了。

　　上海市晨光文具股份有限公司（以下简称"晨光"）是一家主要从事书写工具、学生文具、办公文具及其他产品的综合文具供应商。财报显示，2017 年晨光实现营业收入 63.57 亿元，同比增长 36.35％；归属于上市公司股东的净利润 6.34 亿元，同比增长 28.63％；归属于上市公司股东的扣除非经常性损益的净利润为 5.45 亿元，同比增长 25.54％，并连续 14 年保持两位数的快速增长速度。

　　在应收账款周转率上，晨光也堪称奇迹——即便是传统业务，从出货到回款的周期，一般只需要一周。而在账期动辄半年一年的制造业，这个资金流转速度不可思议；而从账期两个月到半年的超市和物流行业来看，这样的资金流转速度也是不可比拟的。

晨光为什么能创造这样的奇迹？让我们一起来复盘晨光的发展史，希望能够从中找到一些蛛丝马迹。

掌握生产　掌握命运

晨光总裁陈湖雄的老家在广东潮汕，与"鱼米之乡"的长三角不同，潮汕地区地少人多，到陈湖雄这一辈，共有姐弟三人，但人均土地却仅有1.3分，全家不足1亩，尽管一年可以种植三季庄稼，但土地有限，怎么种都养不活人。"所以在那种情况下，必须得出来！"

初中毕业后，陈湖雄就走上外出谋生之路，他卖过音像制品，最后将目标定在销售学生文具上。"文具不像食品，它的保质期比较长，安全检疫也是相对稳健的，所以综合考虑就确定这么一个专项。"陈湖雄说，他一开始选择的是代理销售日本、韩国生产的高端中性笔。

通过做代理，陈湖雄建立起了一套以地级市为基础的全国营销体系，截至1996年，陈湖雄的销售终端达到500多个。但突然而至的亚洲金融危机，陈湖雄所代理的日韩厂商倒闭，他判断中国的消费市场刚刚崛起，市场空间无限，于是决定从纯销售代理变身为制造商。

在打造自有品牌和代工问题上，陈湖雄也进行了选择，他从销售的角度发现，代工型企业在产业领域的话语权非常弱，具体表现在没有充分的议价能力和自主权，在产业分工过程中处于非常被动的地位。而陈湖雄手中遍布全国的500多个销售网点就是自己最大的优势，做代工使用不上这些优势，尤其是决定权不在自己手里，就很难避免下一次危机。

一心要掌握自己命运的陈湖雄，决定做自己的品牌，"晨光"品牌喷薄而出。晨光以生产中性笔为主，打造一个完整的营销体系，销售中小学生使用的各种文具。晨光甚至还制订了从产品研发设计到生产、渠道建设、品牌传播的全产业链计划。

陈湖雄解释，"新计划对公司的起步来讲会比较艰难一点、慢一点，但只要走在正确的道路上，发展的速度就会越来越快。"在作出了战略抉择之后，晨光在强大营销体系的支持下稳步发展，历经22年，成为亚洲最大的中性笔生产商，也是世界第三大文具制造厂商。

毫厘间的科技攻关

中性、油性和水性是圆珠笔的三种类型。中性笔书写介质的黏度介于油性和水性之间，是一种比普通水性笔更耐写、比油性笔更顺滑的书写工具，广受市场欢迎，晨光一年的中性笔产量达到 40 亿支。

但在 1997 年，刚从代理转向制造的晨光公司，却还在为中性笔的制造技术而苦恼不已。"制笔技术看起来门槛很低，实际上要制笔，需要用瑞士做钟表的设备，还需要进一步改良，才能达到制笔的标准。"

陈湖雄介绍，中性笔由笔头、笔身以及油墨三部分组成，笔头是整支中性笔的核心。笔头座是不锈钢材料，而笔头座上的球珠却要求是钨钢。当时普通圆珠笔的书写长度是 1500 米，而中性笔的要求是 450 米，也就是笔头和球珠需要做超过 30 万次的摩擦。这种数量的摩擦对磨石硬度和大小的要求都很高。

要将硬度达标的钨钢切成合适的大小，在当时的技术条件下是很困难的，磨石过小就会漏墨甚至球珠掉落，过大又会断墨。直径 0.5mm 的球珠出问题很难用肉眼看到，在这样的高精度下，笔头间隙是微米级的要求，相当于百分之一头发丝粗细。再加上人们偏爱细型的中性笔，0.38mm、0.35mm 的更受欢迎，这又为笔头制作增加了难度。所以在那个年代，中性笔的笔头很大程度上依赖于进口。

制造中性笔的设备原本是用来制造高级手表零部件的设备，每台 100 多万元，价格昂贵，但其工差等级都达不到微米级别，且球

全能工厂——中性笔生产线

珠的制造难度与手表零部件制作难度不可同日而语——球珠的空心结构要求其在制造过程中只能通过单孔进行内部加工，在内部精度无法测量的情况下，每台设备都需要配置远红外进行监控，合格后再进入第二道工序。

在设备精度无法达到微米级别的情况下，多次操作容易导致累计工差超过合格标准，笔头的一致性无法得到保证。晨光的解决方案是改变原来单机工作的顺序，将原来5台设备才能完成的14道工序一次性解决，大大减少了误差。

除开合格球珠的制造难度大以外，墨水的纯度控制问题以及笔头和墨水的匹配问题都是技术攻关的难点。这其中就涉及化工和金属材料等，技术难度大。陈湖雄说："笔头和油墨的匹配技术难度实际上超过其他难点，制造设备只是其中的一个环节，晨光在反复调试油墨和笔头之间的尺寸、大小方面费了很大的气力。"

如今，晨光在技术领域注重产品技术研发与设计创新，连续三次蝉联"上海市高新技术企业"称号，是全国唯一获得中国轻工业重点实验室认定的制笔企业，承担国家"十二五""十三五"等国家科技支撑计划项目、国家重点项目等，并参与多项产品的国家标准及行业标准的制定工作。

而从专利掌握的角度看，截至 2017 年，晨光共拥有专利 515 项，其中发明专利 11 项，实用新型专利 36 项，外观设计专利 468 项，公司是国内制笔行业技术研发的领导者之一。自主研发的安全胶带荣获 2015 年台湾金点设计奖，联合同济大学推出的正姿护套系列荣获 2015 年中国设计红星奖。

面对质疑，有力反击

"中国制造与国际先进的差距大吗？"面对这样的提问，陈湖雄表示，对目前国内的龙头企业来讲，达到国际水准完全没有问题。但是要整个行业达到国际水准，还是需要一些方面的改进。

在硬件达到及格水平的现在，对知识产权的保护和追求卓越的精神才是行业发展的关键，这不仅依赖于企业内部行业功能的培养，还依赖于有关部门的通力合作。追求卓越会使员工与机器之间达到空前和谐的关系，在理想状态下，操作工对于设备掉了一颗螺丝这样的细微之处都能感受到异样，这就是所谓的"人机一体"。这也是最大限度确保工差一致性的保证，对于员工来说，这不仅仅意味着要完成任务，更重要的是要有做到更好的决心。

对知识产权的保护是企业创新活力的重要保证。对于工厂来说，研发产品没办法变现就只是资本和资源的消耗，这对于企业的积极性和现金流都是致命的打击。侵权一旦形成规模，对于整个国家实业工厂的创新都有负面的影响。只有对于知识产权的保护和企业内部行业功能培养都逐步到位了，中国创造才会真正从中国制造中孕育出来。

早在 20 世纪 60 年代的上海，中国就已经能生产由钨钢制作而成的中性笔笔头，老牌的奉安圆珠笔和上海圆珠笔都是使用的这种笔头。对比国外而言，当时的国产笔头只是在精度上达不到类似瑞士以及日本企业的制造水平，但这样的差距也早在 2004 年左右已经渐渐消失，2012 年，晨光笔头厂已经进入了笔头的批量制作，而在 2016 年居然还有人在鼓吹"中国制笔无能"，陈湖雄对这样的言论很愤怒。

陈湖雄说："晨光作为如今制笔行业的龙头企业，已经完全掌握书写工具的核心技术——笔头、油墨及其匹配技术，拥有自主模具开发技术。旗下笔头厂已经成为全国最大的笔头生产基地，希望公众相信中国企业的力量。"

成就高效营销网络

2013 年，晨光建成中国文具行业规模最大、自动化程度最高的现代化物流中心。物流立体仓库总体使用面积达 18000 平方米，立体仓库采用 WMS 管理，存储能力超过 50 万箱，出入库最大吞吐能力达每天 5 万箱（入库 2 万箱，出库 3 万箱），实现"先进先出"。

立体仓库融条码技术、DRP 和 ERP 系统实时信息交互和 WCS 计算机自动控制等现代化技术于一体，通过作业流程标准化、库容标准化、信号传输标准化，确保了作业的准确性、便利性及可追溯性和库存零差异。可以说，晨光的系统可以知道每一件货的来源。

　　强大的物流能力，使晨光实现了从产品出厂到送到全国各地的7万多家市场终端，并收回货款的时间缩短为7天，大大缩短了资金回笼的时间，比起国内制造业动辄半年到一年的账期，比起商超物流行业普遍流行的2个月到半年的账期，晨光的资金回笼速度可以用"奇迹"来形容。"我们的现金流是最好的，在国内应当找不到第二家比我们更好的了。"一位晨光高管这样告诉记者。

　　从事制造业20多年来，晨光还建立了行业内最具规模优势的品牌营销网络，和涵盖样板店、品牌店、加盟店和晨光生活馆等多层次的渠道体系，在全国拥有31家一级（省级）合作伙伴、超过1200个城市的二、三级合作伙伴，超过7.5万家零售终端。"有人的地方基本上就会有晨光的店，前段时间送货员到新疆去送货，路上还遇到了狼，你看我们的店究竟有多偏僻。"陈湖雄说。

　　除了在中国境内实现全覆盖外，在境外，晨光还推行一个名为"伙伴天下"的营销战略，该网络目前覆盖50多个国家和地区，合作伙伴遍及全球，尤其是东南亚地区，对晨光的产品接受度非常高。这为晨光整合资源、寻求合作以及再次转型提供了强大的支持。

　　有了这样的支持，晨光越发敢想敢做。"但晨光只做跟主业相关的业务，其他方面的诱惑再大，跟主业无关的，晨光都不做。"为此，晨光生活馆和九木杂物社作为近年来晨光重磅打造的高端零售终端，都是文具店在新零售模式下的创新探索和实践。

　　晨光生活馆立足于打造与学习、生活相关"全品类一站式"文化时尚购物场所，成为目标客群所喜爱的"时尚流行第三空间"。年报显示，2017年晨光生活馆已在全国拥有超过170家直营店，遍及上海、江苏、浙江和江西等地区的新华书店系统、超级商业购物中心和主要商业核心商圈。

而九木杂物社以"搜罗全球好物，只为实用美学"为品牌宗旨，是一个中高端文创生活类的杂货连锁品牌，致力于为 15—35 岁的年轻女性及其家庭搜罗全球好物。截至 2017 年底，九木杂物社已在上海、南京、无锡、苏州、南通等 5 个城市拥有 25 家直营门店。

在文具行业的新机遇和新挑战下，晨光也在积极探索。通过和西西弗、方所、诚品等复合型书店，酷乐潮玩等精品杂货店，鹰王等大型文具店联合，通过和供应链伙伴联合，通过和内容方联合，找准点、打对点，带领新伙伴、老伙伴们一起，共同创造市场，成就文具行业"伙伴赢天下"之势。

链接有情感的未来

从创业至今，晨光已经形成了一支具有国际视野和行业领先水平的跨国设计师团队，以贯通中西的审美视角，吸取世界先进文具设计理念，时刻保持着自身产品功能与设计的领先地位。晨光拥有快速的市场反应能力和强大的新品设计研发能力，在产品开发中前置消费者调研，时刻把握市场最新流行趋势。每年推出上千款新品，不断满足消费者的各类需求。

在产品功能上，晨光独立研发了一系列"黑科技"产品。其中速干、超顺滑、大容量、悬浮护套等强功能，满足了消费者在工作、学习中的需求。晨光设计中心凭借其强有力的技术研发和产品设计能力，正式成为国家级工业设计中心。另外，晨光联合了国际著名工业设计中心，开发出新型自动铅笔，做到"可精准调节出芯长度"，在技术上做到国际领先。

不得不说，从商业角度，晨光就是一个另类。一个在中性笔这个细分行业里认真耕耘、在文具销售这个行业里扎根的另类，其资金的周转率远超一般制造业，也远在普通的超市物流业之上。那么未来，晨光将走向何处呢？

晨光内部人士介绍，晨光未来的定位将会更多涉及高品质设计以及个性化定制等方面，但是代工企业的产品都是定位在全球通用的基础上而生产的，这并不符合晨光创新和高定制水准。自己制造出来的产品还拥有别家不具备的安全和品质保证，这也是符合晨光稳健风格的策略。

据介绍，晨光的个性化定制不仅局限于对产品的要求，其中还包括对企业文化中创新因素的提倡。创新是企业保持生命和活力的核心，对晨光来说，如何在已经取得了不菲的成绩后还能保持平常心不断与时俱进，根据市场变化而变化，这可能是未来最大的挑战。

要赢得这个挑战，进一步提升数据化能力是其中的关键。在大数据时代，随时监测消费者的需求和快速掌握产品生产及销售进程，能够使企业的决策更加科学和更具针对性。陈湖雄认为，现有的、随时更新的大数据是科学决策的基础，但比这更重要的就是人思维模式的转化。如果说打通数据壁垒还是技术上可操作的事，那思维模式的转变就是一件需要花费巨大精力还不一定能达成很好效果的事，但又势在必行。

陈湖雄提到，当下企业决策不能再仅仅依靠已有的数据，更重要的是洞察消费者当下的需求和未来发展趋势。企业需要通过产品与受众产生互动，将产品的功能、内容和IP推荐给受众。而在主业基础上延伸出来的晨光生活馆和九木杂物社，就是晨光与受众互动的具体形式和探索。

"在未来，我们更希望通过有情绪、有故事的文具产品与消费者产生情感连接。"陈湖雄介绍，晨光拥有的近 30 年发展积累的资源、经验、技术、渠道、用户以及品牌和知名度，都将用于接下来晨光从文具产品到文创生活服务的转型中，像 1997 年一样，晨光将要带着它的底蕴展开一个崭新的篇章。

对新的转型来说，陈湖雄认为，这是一次有别于 1997 年的转型——这是一次主动的、有技术支持的、更有远虑的转变。从提供性价比高的文具到提供更有态度的、更有设计感和品质感的文具以及生活周边，晨光向受众传递着温度和情怀，让受众感受到晨光特有的厚度和与时俱进的年轻态，让受众跟随晨光、相信晨光。

策　　划：杨松岩

责任编辑：徐　源

封面设计：石笑梦

图书在版编目（CIP）数据

寻找中国制造隐形冠军 . 上海卷 .III / 魏志强，王玲玲 主编 . — 北京：
　人民出版社，2019.6
　（寻找中国制造隐形冠军<u>丛书</u>）
ISBN 978 − 7 − 01 − 020872 − 5

I. ①寻…　II. ①寻…　②魏…　③王…　III. ①工业企业 − 介绍 − 上海
　IV. ① F426.4

中国版本图书馆 CIP 数据核字（2019）第 097191 号

寻找中国制造隐形冠军（上海卷 III）
XUNZHAO ZHONGGUO ZHIZAO YINXING GUANJUN (SHANGHAIJUAN III)

国家制造强国建设战略咨询委员会　指导

寻找中国制造隐形冠军丛书编委会　编

魏志强　王玲玲　主编

人民出版社 出版发行
（100706　北京市东城区隆福寺街 99 号）

北京盛通印刷股份有限公司印刷　新华书店经销

2019 年 6 月第 1 版　2019 年 6 月北京第 1 次印刷
开本：710 毫米 × 1000 毫米 1/16　印张：15.5
字数：187 千字

ISBN 978 − 7 − 01 − 020872 − 5　定价：68.00 元

邮购地址 100706　北京市东城区隆福寺街 99 号
人民东方图书销售中心　电话（010）65250042　65289539